Jost Hochuli

O detalhe na tipografia

Letra, espaçamento entre letras, palavra, espaçamento entre palavras, linha, espaçamento entre linhas, mancha

Tradução
KARINA JANNINI

Revisão técnica
HENRIQUE THEO MÖLLER

wmf **martinsfontes**

SÃO PAULO 2013

Esta obra foi publicada originalmente em alemão com o título
DAS DETAIL DER TYPOGRAFIE
por Verlag Niggli AG
Copyright 2005 by Verlag Niggli AG, Sulgen/Zürich,www.niggli.ch e
também Jost Hochuli, St.Gallen, 2ª edição revista 2011
Copyright © 2013, Editora WMF Martins Fontes Ltda.,
São Paulo, para a presente edição

1ª edição 2013

Tradução
KARINA JANNINI

Revisão técnica
Henrique Theo Möller
Acompanhamento editorial
Luzia Aparecida dos Santos
Revisões gráficas
Márcia Leme
Leticia Castello Branco Braun
Edição de arte
Katia Harumi Terasaka
Produção gráfica
Geraldo Alves
Paginação
Studio 3 Desenvolvimento Editorial

Dados Internacionais de Catalogação na Publicação (CIP)
(Câmara Brasileira do Livro, SP, Brasil)

Hochuli, Jost
    O detalhe na tipografia / Jost Hochuli ; tradução Karina
Jannini ; revisão técnica Henrique Theo Möller. – São Paulo :
Editora WMF Martins Fontes, 2013.

    Título original: Das detail in der Typografie.
    ISBN 978-85-7827-693-5

    1. Design gráfico (Tipografia) 2. Tipografia I. Möller, Henrique Theo. II. Título.

13-04924   CDD-686.22

Índices para catálogo sistemático:
1. Tipografia   686.22

Todos os direitos desta edição reservados à
Editora WMF Martins Fontes Ltda.
Rua Prof. Laerte Ramos de Carvalho, 133 01325.030 São Paulo SP Brasil
Tel. (11) 3293.8150 Fax (11) 3101.1042
e-mail: info@wmfmartinsfontes.com.br http://www.wmfmartinsfontes.com.br

Sumário

7 Fundamentos
8 O processo de leitura
10 A letra
24 A palavra
34 A linha
    Algarismos 43
    Destaques 46
49 O espaçamento entre as linhas, a mancha
56 O efeito das fontes
61 Observações

Fundamentos

A presente brochura ocupa-se daquelas questões da tipografia que podem ser resumidas sob os conceitos "microtipografia" ou "tipografia de detalhe".

Enquanto a macrotipografia – a concepção tipográfica, o *layout* – se ocupa do formato do impresso, do tamanho e da posição da mancha, das ilustrações, da organização da hierarquia dos títulos e das legendas, à tipografia de detalhe cabem as unidades: letra, espaçamento entre letras, palavra, espaçamento entre palavras, linha, espaçamento entre linhas e mancha. Essas unidades costumam ser negligenciadas pelos *designers* gráficos ou tipográficos, uma vez que estão fora da área considerada "criativa".

Se nas próximas páginas falaremos de aspectos formais, isso não significa, em primeira instância, que trataremos de aspectos "estéticos" no sentido de liberdade estética pessoal ou gosto pessoal. Trataremos, antes, daqueles elementos visíveis que possibilitam uma recepção mais eficaz do texto. Como esse é o objetivo de todo trabalho tipográfico com uma grande quantidade de texto, a preocupação com o aspecto formal torna-se uma preocupação com questões de legibilidade. Por essa razão, no campo da tipografia de detalhe, o formal passa bem longe das preferências pessoais.

Muitas questões referentes à tipografia de detalhe podem tranquilamente ser resolvidas de maneira diferente. Não é intenção do autor que este pequeno livro seja tomado como catecismo infalível. Ele pressupõe *designers* gráficos inteligentes, que saberão resolver corretamente as questões suscitadas ao longo do livro em seu respectivo contexto, ainda que nem todos os possíveis problemas que possam surgir na prática sejam tratados aqui.

De resto, há impressos em que todos os detalhes foram observados – e, não obstante, são terrivelmente monótonos...

O processo de leitura

O leitor experiente lê passando os olhos de maneira intermitente pelas linhas. Esses movimentos curtos são chamados de sacadas, que mudam com fixações de 0,2 a 0,4 segundos. Uma linha é lida com várias sacadas, e em uma grande sacada o olho salta de volta para a esquerda, buscando o início da próxima linha. Somente durante uma fixação é que a informação é registrada. Com um tamanho médio de fonte, como o que é empregado em livros, cada sacada compreende de cinco a dez letras (portanto, cerca de uma ou duas palavras). Na leitura, uma sacada pode terminar ou começar no meio de uma palavra. Durante um intervalo de descanso, de um conjunto de, no máximo, dez letras, apenas três ou quatro são compreendidas com precisão no espaço de fixação em que se encontram; as letras restantes são percebidas pelo olho de forma indistinta e apenas no contexto. Se o sentido do texto não ficar claro, os olhos saltam em sacadas regressivas e se asseguram do que acabou de ser "lido" (fig. 1).

Quanto mais experiente for o leitor ou a leitora, mais curtas serão as fixações e maiores serão as sacadas. Em sacadas muito abrangentes ou em fixações muito curtas, ou seja, em velocidades elevadas de leitura, o texto precisa ser "adivinhado", o que faz com que a redundância da língua facilite a compreensão – pelo menos quando o conteúdo for simples. Aparentemente, Jan Tschichold engana-se ao dizer que é "um equívoco ridículo achar que se pode ler mais rápido"; no entanto, mesmo após um treino intensivo, o aumento da velocidade de leitura mantém-se dentro de um limite.

Palavras que ficaram armazenadas na memória visual do leitor são lidas com mais rapidez do que palavras desconhecidas.

A ciência ainda não esclareceu quais sinais guiam os movimentos oculares. "Por certo, o início e o fim das linhas, bem como os parágrafos, compõem essas características, independentemente das outras propriedades externas. Eles definem as sacadas para a mudança de linha. No entanto, dentro de uma linha existe a probabilidade de um determinado ponto ser fixado, mesmo que ele dependa da sequência de letras ou palavras precedentes. Em textos longos, palavras com iniciais maiúsculas são pontos de fixação mais frequentes do que palavras só com minúsculas. Talvez o estilo da primeira letra de uma

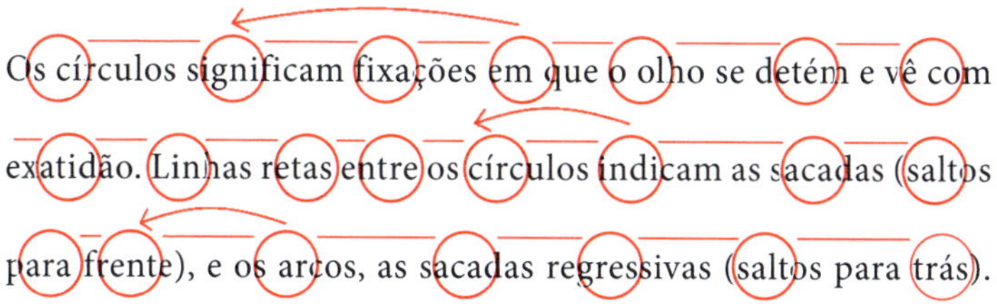

Os círculos significam fixações em que o olho se detém e vê com exatidão. Linhas retas entre os círculos indicam as sacadas (saltos para frente), e os arcos, as sacadas regressivas (saltos para trás).

Fig. 1

palavra também tenha ainda alguma influência sobre a probabilidade de fixação. Em palavras longas, mesmo para os mais experientes surgem fixações múltiplas."

Ao que parece, não apenas a estrutura visual, mas também aquela linguística do texto desempenha uma função no movimento dos olhos. "A partir disso, pode-se concluir que, durante a leitura, o sistema oculomotor também é controlado pelas regiões do cérebro responsáveis pela linguagem."

"Por meio do registro dos movimentos oculares, é possível examinar objetivamente a legibilidade de um impresso. Se variarmos sistematicamente a medida da linha, o corpo e a forma do caractere, bem como o contraste entre as letras pretas e o fundo, o mesmo texto será lido com velocidades diferentes. Dependendo da forma do texto impresso, alteram-se a amplitude e a frequência das sacadas. Essas variáveis, que podem ser medidas na leitura de maneira objetiva, correspondem perfeitamente à impressão subjetiva de uma legibilidade melhor ou pior de um texto [...]." Nem sempre, porém com uma frequência surpreendente, elas confirmam regras tipográficas há muito conhecidas.

A letra

Nossas letras se desenvolveram lentamente. Com o passar do tempo, elas se adaptaram à respectiva técnica de escrita, a seu instrumento, sua base, às técnicas de produção e até ao senso estilístico dominante – menos em sua estrutura básica do que nos detalhes. Na maioria das vezes, as alterações ocorreram de forma imperceptível e ao longo de um extenso período.

A recepção de toda escrita – portanto, também da tipografia – sucede de duas maneiras: em primeiro lugar, como verdadeira leitura, ou seja, como conversão no cérebro da sequência de letras vista e, em segundo, como visão pictórica (na maioria das vezes, não percebida conscientemente), que desencadeia associações com algo já visto anteriormente e evoca sensações. (A esse respeito, ver também o capítulo "O efeito das fontes", p. 56.)

Por essa razão, e porque as fontes impressas têm de satisfazer diversas exigências e cumprir diversas funções, determinada fonte não pode ser taxada, de modo geral, como boa ou ruim, como utilizável ou não. Fontes destinadas a um texto contínuo submetem-se a critérios diferentes daqueles das fontes destinadas a títulos em cartazes e anúncios, a capas de livros ou a finalidades decorativas. Fontes de difícil leitura, empregadas com economia e habilidade, podem atrair a atenção do leitor (do observador), chocá-lo, provocá-lo e, assim, induzi-lo a uma observação mais atenta e a registrar o restante da informação presente na imagem e no texto. Quais fontes e como elas devem ser empregadas nos mais diferentes trabalhos criativos é uma questão que o *designer* gráfico tem de resolver caso a caso (fig. 2).

Em geral, o leitor de textos mais longos, sobretudo o leitor de livros, comporta-se em relação à fonte de modo conservador. Ele rejeita as experiências com as letras (e com outras unidades da tipografia de detalhe). A esse leitor não interessam as letras em si. Ele não quer saber de caracteres "bonitos" ou "interessantes", e sim registrar o sentido das palavras visualizadas através deles. Por isso, alterações essenciais na forma dos tipos usados no texto contínuo não são desejáveis. Segundo Stanley Morison, elas "não devem ser 'diferentes' nem 'extraordinárias'". Não é bom sinal quando um leigo repara na forma dos caracteres ao ler um livro e fala de letras "nobres" ou "modernas".

Italía farà da se

T H E A T R E
M U S I C A L

answer the call

Fig. 2. Nenhuma dessas fontes é apropriada para textos longos. Entretanto, se não forem usadas com muita frequência, podem causar um efeito de surpresa e novidade em determinados contextos. (De cima para baixo: ITC Italia Bold; ITC Quorum Black e Light; Goudy Old Style Heavyface Italic.)

Todas as fontes artísticas "originais" ou "nobres", criadas antes e após a Primeira Guerra Mundial por *designers* tipográficos alemães (ou melhor: por "artistas" tipográficos) e que, em parte, apresentavam um nível formal considerável, eram "diferentes" e "extraordinárias" demais e, por isso, foram esquecidas. Por serem fontes muito extravagantes e atreladas à moda do momento, atualmente muitos impressos da época são nada mais do que empoeiradas peças de colecionador (fig. 3). Muitas das fontes esboçadas em nossos dias não terão futuro melhor.

O mesmo destino das fontes artísticas românticas e individuais acometeu as fontes aparentemente objetivas da escola Bauhaus ou de seu meio, e justamente pela mesma razão: também nesse caso, o aspecto formal estava em primeiro lugar – formal em si, e não no sentido da melhor legibilidade; a simplicidade da forma das letras era o principal objetivo. Além disso, os *designers* de caracteres dedicaram

aufgemuntert, erlaubte er sich sogar unrichtige Angaben, um seinem Gegner zu schaden. Es kam zur Untersuchung, und mein Bruder ging heimlich aus dem Lande. Die Feinde unseres

a

Aber die Brahmanen zürnten und sprachen: «Wie darf er sich den größten Brahmanen unter uns nennen!» Da war auch der Hotar, der Rigvedapriester, des Janaka, Königs der Videha's, Namens Açvala, zugegen. Der fragte jenen: «Du also, o Yâjnavalkya, bist unter uns der größte Brah=

b

Faulheit und Feigheit sind die Ursachen, warum ein so großer Teil der Menschen, nachdem sie die Natur längst von fremder Leitung frei gesprochen *(naturaliter majorennes)*, dennoch gerne zeitlebens unmündig bleiben; und warum es Anderen so leicht wird, sich zu deren Vormündern aufzuwerfen. Es ist so bequem, unmündig zu sein. Habe ich ein Buch, das für mich Verstand hat, einen Seelsorger, der für mich Gewissen hat, einen Arzt, der für mich

c

Fig. 3. Os três exemplos (a, b, c) são da mesma época. Enquanto os livros dos quais as provas a e b foram extraídas hoje só têm valor para colecionadores e, nesse sentido, não representam nada além e nada menos do que objetos de arte em forma de livro, o volume da edição de Großherzog-Wilhelm-Ernst (c), da Editora Insel, é um objeto de consumo útil como antigamente, pois ainda é funcional, agradável e até belo.

Como alguém interessado em estética e história da arte, posso até me divertir com os dois primeiros livros e suas fontes, mas será que consigo lê-los? A fonte simples e "habitual" (Monotype Old Style nº 2), do volume da Editora Insel não dirige a atenção para si mesma; ninguém repara em suas formas como tais; a fonte não se impõe entre o conteúdo do texto e o leitor.

a: fonte em tamanho reduzido, extraída de GRILLPARZER, FRANZ: *Der arme Spielmann*. Viena, 1914.

b: fonte ("fonte Behrens", de Peter Behrens) em tamanho reduzido, extraída de *Upanishads des Veda*. Jena, 1914.

c: fonte em tamanho original, extraída de: *Immanuel Kant's sämtliche Werke in sechs Bänden*, volume 1, edição de Großherzog-Wilhelm-Ernst dos clássicos alemães. Leipzig, 1912.

abcdefghi   abcdefghi
jklmnopqr   jklmnopqr
stuvwxyz   stuvwxyz
            a   dd

Fig. 4. À esquerda: "Universal-Alfabet", de Herbert Bayer, primeira publicação em 1926. À direita: variante em seminegrito da forma final. Reproduzido a partir de WILLBERG, HANS PETER: *Schrift im Bauhaus/Die Futura von Paul Renner*. Neu-Isenburg, 1969. Quando reunidas em palavras, as fontes produzem uma imagem borrada e difícil de ler: do ponto de vista óptico, a transição das formas redondas em formas retas ou a partir de formas retas não é equilibrada e forma nós (ver fig. 17, à esquerda); a tentativa de construir as letras a, b, c, d, e, g, h, n, o, p, q, u, x e y com base no mesmo diâmetro conduz a proporções insólitas.

---

seus esforços sobretudo às letras isoladas, e menos àquelas que integravam a palavra (fig. 4). Somente a Futura, de Paul Renner, resistiu ao tempo com vigor inabalável. Seu êxito "estava no fato de que, por um lado, ela atendia ao espírito da época, ou seja, à necessidade de uma forma mais clara e 'impessoal', e, por outro, não se distanciava muito do desenho tradicional. (As formas alternativas, muito diferentes e totalmente baseadas em construções geométricas, para caracteres individuais, não conseguiram impor-se na prática)" (fig. 5).

É difícil definir uma fonte boa e atemporal. O máximo que se consegue é indicar algumas propriedades especialmente notáveis.

A primeira seria a já mencionada familiaridade. Os olhos de quem lê não devem ficar "presos" a uma forma inabitual. Além disso, os símbolos de um alfabeto devem falar a língua formal comum a todos os símbolos; entretanto, por outro lado, cada letra deve distinguir-se nitidamente das outras (fig. 6).

Assim como o alfabeto cirílico e o grego, o latino também conhece maiúsculas e minúsculas, ou seja, dois princípios formais completamente diferentes, que devem estar conectados em uma unidade harmônica. Enquanto as versais – letras maiúsculas – conservaram em

Gravuras de artistas contemporâneos
Gravuras de artistas contemporâneos

Fig. 5. Em cima: primeira versão da Futura com caracteres especiais. Embaixo: versão final (primeira fundição, 1928). Reproduzido a partir de WILLBERG: *Schrift im Bauhaus/ Die Futura von Paul Renner*. Neu-Isenburg, 1969.

sua estrutura fundamental a expressão estaticamente lapidar das inscrições, as letras minúsculas, que são uma variação oriunda da forma das versais, ocorrida ao longo dos séculos, mostram, mesmo na configuração tipográfica, o caráter dinâmico de formas de escrita registradas com fluência (fig. 7).

As proporções corretas das versais e das minúsculas também são outro critério para uma fonte legível e familiar. As maiúsculas não devem se distanciar muito de seu protótipo, a Capitalis monumentalis, forma de inscrição romana da época imperial (fig. 8). O protótipo para as proporções das minúsculas é a Scriptura humanistica, a minúscula humanística, estilo caligráfico utilizado nos séculos XV e XVI, sobretudo na Itália. Suas formas foram cunhadas e gravadas (com as alterações tecnicamente limitadas) pelos gravadores de tipos das tipografias de Sweynheim e Pannartz, Rusch, Jenson e Aldo [Manuzio], entre outros, passando, assim, a ser utilizadas na impressão de livros (fig. 9).

Para obter uma fonte agradável de ler, também é importante a correta proporção entre o tamanho e o peso das versais e das minúsculas. Para não prejudicarem excessivamente a configuração como um todo, as maiúsculas devem ser um pouco menores do que as hastes ascendentes das minúsculas (figs. 9 e 10).

Desde as pesquisas do oftalmologista francês Emile Javal (1878), sabe-se que o olho nem sempre deve captar a letra inteira para reconhecer as formas individuais das minúsculas latinas. A metade superior dos caracteres é suficiente (fig. 11). Por que isso é assim, não se sabe. (É apenas parcialmente verdade que a parte superior da mediana e as hastes ascendentes têm uma configuração mais diferenciada

A letra

Monogramme
Linotype Univers 830 Basic Black

Monogramme
Monotype Bembo Roman

Monogramme
Futura Bold

Monogramme
Meridien Roman

Monogramme
Linotype Univers 830 Basic Black;
o segundo o e o segundo m são
da Futura Bold

Monogramme
Monotype Bembo Roman;
o segundo o e o segundo m são
da Meridien Roman

Monogramme
Futura Bold; o segundo o e o
segundo m são da Linotype
Univers 830 Basic Black

Monogramme
Meridien Roman; o segundo o e o
segundo m são da Monotype
Bembo Roman

Fig. 6. Diferenças formais aparentemente insignificantes têm um efeito imediato muito claro nas letras; por exemplo, no grupo da esquerda, a forma do bojo (os diferentes eixos de contraste nas formas arredondadas) e, no da direita, o contraste dos traços, as formas de bojo e o estilo das serifas.

A B C D E F G H I J K L M N O P Q R S T U V W X Y Z
a b c d e f g h i j k l m n o p q r s t u v w x y z

C G Ç Ĝ ꞓ Ꞡ 8 g

Fig. 7. As estruturas básicas das versais mostram formas estaticamente lapidares; as das minúsculas, formas dinâmicas. O exemplo da letra G/g apresenta a mudança da forma do século I ao XV em etapas características.

em relação à metade inferior da mediana e às hastes descendentes; em suas metades inferiores, mesmo quando sem serifa, a, g, p, q têm uma divisão mais marcada, enquanto o, s, v, w, y e z têm, no mínimo, o mesmo efeito.) Em todo caso, não podemos deixar de tomar conhecimento desse fato, reforçado por uma experiência feita por Brian Coe (fig. 12).

Fig. 8. Inscrição romana, Capitalis monumentalis, lápide (recorte), início do século II d.C. (Aquileia, Museo Archeologico Nazionale; foto do autor).

et tu reuerſi ſumus; ut de Aetnae incendi-
is interrogaremus ab iis, quibus notum
eſt illa nos ſatis diligenter perſpexiſſe; ut

tu reuersi sumus; ut de Aetnae incendi-
is interrogaremus ab iis, quibus notum
est illa nos satis diligenter perspexisse; ut

Fig. 9. Em cima: minúscula humanística, segunda metade do século XV, Florença (?). As minúsculas humanísticas serviram de modelo para os primeiros tipos romanos (detalhe 1:1 a partir de Ms AN II 34, 1r, biblioteca da Universidade de Basileia; agradecimento a Martin Steinmann). No meio: detalhe 1:1 de *Petri Bembi de Aetna ad Angelum Chabrielem Liber*. Veneza, 1496. Por sua vez, esse tipo foi modelo para a fonte Bembo (embaixo), gravada pela Monotype em 1929. (Ambas as ilustrações são reproduzidas a partir de *Petri Bembi De Aetna Liber & Pietro Bembo: Der Ätna*. Verona, 1970.)

Hlf Hlf Hlf Hlf

Fig. 10. As versais de muitas fontes, sobretudo daquelas pensadas para o texto contínuo, são (às vezes claramente) menos altas do que as hastes ascendentes das minúsculas. Da esquerda para a direita: Trinité Roman Condensed 2, Minion Regular, ITC Officina Serif Book, Scala Sans Regular.

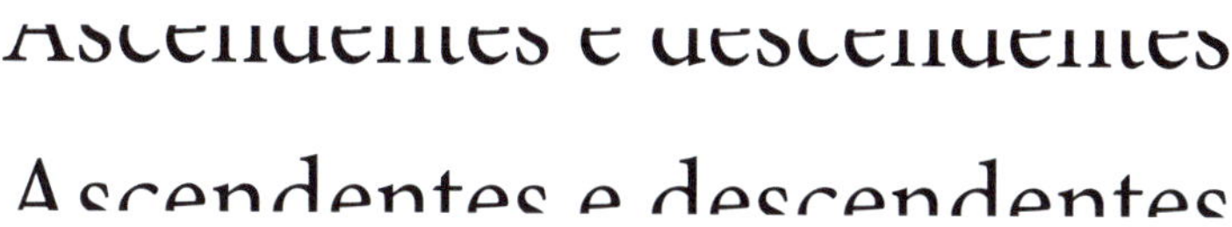

Ascendentes e descendentes

Ascendentes e descendentes

Fig. 11. Enquanto o leitor mal consegue decifrar uma linha que tem a metade superior de sua mediana e suas hastes ascendentes cobertas, o texto em que a metade inferior é coberta geralmente permanece legível.

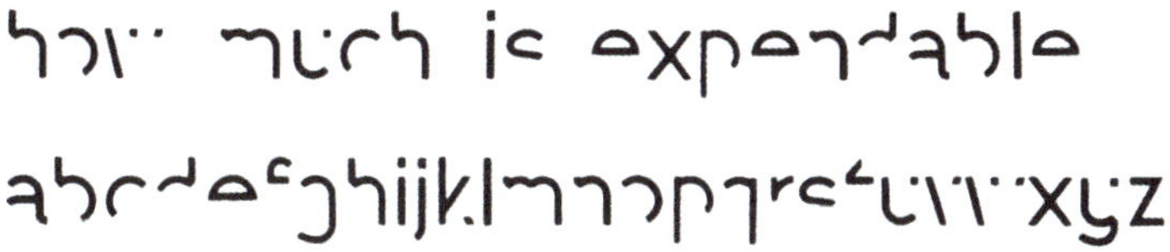

how much is expendable
abcdefghijklmnopqrstuvwxyz

Fig. 12. A ilustração mostra o resultado parcial de uma experiência com a qual Brian Coe tentou descobrir quanto se pode suprimir das minúsculas sem prejudicar sua legibilidade. Também aqui se nota como é forte a ênfase na metade superior das medianas. (Reproduzido a partir de SPENCER, HERBERT: *The Visible Word*. Londres, 1969.)

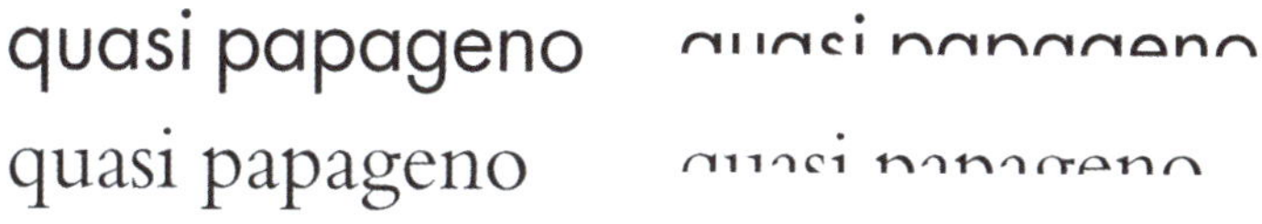

quasi papageno   quasi papageno
quasi papageno   quasi papageno

Fig. 13. Na mediana, as letras a, g, q das fontes sem serifa (Futura Book) têm sua metade superior igual; quando a metade inferior de cada uma dessas letras é suprimida, elas não são distinguíveis. A isso se acrescenta o fato de que elas pouco diferem do p e do o. A comparação com as formas da Monotype Bembo é surpreendente.

Se a legibilidade de um impresso dependesse da configuração diferenciada e clara da metade superior das medianas, a maioria das fontes sem serifa estaria em desvantagem em relação àquelas clássicas, especialmente aquelas cujo a minúsculo tem a forma simplificada (fig. 13).

Como todas as outras figuras bidimensionais que são captadas por nossos olhos, as letras também estão sujeitas a leis ópticas. Por essa razão, determinantes para o julgamento de sua qualidade formal não são os instrumentos de medição, mas apenas os olhos saudáveis do ser humano. Chamaremos os seguintes pontos, que devem ser levados em conta na configuração da fonte, não de ilusões de óptica, e sim de realidades de óptica:

1. O círculo e o triângulo com alturas iguais dão a impressão de ser menores do que o quadrado. Para que pareçam ter a mesma altura, as pontas e curvaturas precisam ser traçadas, respectivamente, um pouco acima da linha de topo e abaixo da linha de fundo (fig. 14).

2. A divisão horizontal e geometricamente precisa de uma superfície em duas partes iguais produz uma metade superior que, opticamente, parece maior do que a inferior. Obtêm-se duas metades opticamente iguais quando a divisão horizontal se encontra acima do centro geométrico, ou melhor, no chamado centro óptico (fig. 15).

3. Com intensidades de traço iguais, uma linha horizontal parece mais larga do que uma vertical. Para se obterem hastes e travessas opticamente equilibradas, com larguras que pareçam iguais, a horizontal precisa ser um pouco mais fina. Isso vale não apenas para formas retas, mas também para formas arredondadas, que no ponto horizontal mais largo precisam até ser um pouco mais largas do que as verticais correspondentes (fig. 16). Por razões ópticas, a diagonal direita precisa ser um pouco mais larga e, a da esquerda, um pouco mais fina do que a vertical. Nem todas as verticais com a mesma altura têm a mesma largura: quanto mais junções na horizontal, mais fina é a haste.

4. Quando não corrigido, do encontro de curvas e retas ou outras curvas, bem como de duas diagonais, resultam nós, que deformam as letras e fazem com que a composição pareça borrada (fig. 17; ver também fig. 4).

5. Corpos pequenos precisam ser proporcionalmente mais largos do que corpos maiores. Esse é um requisito óptico imprescindível

Fig. 14

Fig. 15. A travessa horizontal e mediana da esquerda encontra-se no centro geométrico; a da direita, no centro óptico; a intersecção da esquerda ocorre no centro geométrico; a da direita, no centro óptico.

Fig. 16   não corrigido   corrigido   não corrigido   corrigido

Fig. 17   não corrigido   corrigido   não corrigido   corrigido

para uma boa legibilidade. (Aliás, podemos observar isso em nossa própria caligrafia: quanto maior for nossa letra, mais esguias serão as proporções de cada letra e vice-versa.) Os antigos gravadores de tipos levavam isso em consideração.

Mesmo sem obter o êxito esperado, as fontes Multiple Master, que se ocuparam desse problema, acabaram por indicar o caminho. Embora o formato de fonte Open Type não permita a flexibilidade total das Multiple Master, ele oferece possibilidades que ultrapassam as das fontes MM. As fontes OT permitem a conversão automática entre variantes desenhadas especialmente para diferentes tamanhos de composição. O *kerning* da Open Type trabalha de acordo com o contexto, ou seja, altera os espaços entre os pares de letras de acordo com os caracteres adjacentes. Em vez de ligaturas, colisões como nos pares fk ou gg podem ser resolvidas quase por completo com inserções automáticas de variantes de letras. Com o auxílio dessa técnica, o espaço interno das letras também pode variar imperceptivelmente de acordo com o espaço existente, como já praticado por Gutenberg. Além disso, a Open Type permite a inserção confortável de variantes de caracteres, como os versaletes, os algarismos minúsculos, os caracteres sobrescritos ou as letras ornamentais.

Os fenômenos mencionados nos itens 4 e 5 – a formação de nós e a imperfeição da fonte na redução mecânica – estão relacionados à irradiação objetiva e subjetiva.

Por fim, devem ser mencionados aqui alguns resultados de pesquisas sobre a relativa legibilidade de letras isoladas. As primeiras pesquisas científicas foram publicadas pela primeira vez em 1885, mas observações pessoais e julgamentos subjetivos já haviam sido divulgados em 1825. Em Tinker encontram-se tanto o resumo dos resultados quanto suas conclusões:

– De acordo com eles, as versais A e L são bastante legíveis, enquanto B e Q são de difícil leitura. Com frequência se confundem B com R, G com C e O, Q com O e M com W.

– Das minúsculas, d, m, p, q e w indicam alta legibilidade; c, e, i, n e l indicam baixa legibilidade; e j, r, v, x e y, média legibilidade. Com frequência, c é confundido com e, i com j, n com a e l com j.

– De todos os fatores determinantes para a legibilidade relativa das minúsculas, a ênfase em características distintivas típicas é a mais importante.

A letra

type sizes fixed quickly margins
a
Tipos digitalizados são transversais
b
Typography is the efficient mean
c

Fig. 18. Bodoni não é igual a Bodoni, Garamond não é igual a Garamond, e Baskerville não é igual a Baskerville. Em fontes históricas, tudo depende de qual padrão original os produtores modernos utilizaram. De Giambattista Bodoni, por exemplo, existem várias fontes que poderiam servir de modelos; elas são parecidas entre si, mas diferem em alguns detalhes, inclusive na intensidade do traço. Fontes históricas que, em sua época, foram adaptadas para componedores e máquinas de fundição das letras Monotype, como a Bembo (ver também fig. 9), sofreram deformações parciais ao serem transferidas para a fotocomposição e a forma digitalizada.

a: composição com a Monotype Bembo original, feita com tipos de chumbo, 24 pt.

b: versão digitalizada da Monotype, 24 pt; imagem ampliada, ou seja, mediana maior, hastes ascendentes e descendentes menores. Um pouco da elegância do original se perdeu.

c: cópia pirata, 24 pt, da empresa Compugraphic (atualmente inexistente). Dispensa qualquer comentário. Por razões jurídicas, traz apenas o nome Bem. Em geral, fontes baratas para PC são de qualidade semelhante.

Outros critérios referentes à aparência e à legibilidade de cada letra serão tratados no próximo capítulo, uma vez que se tornam visíveis quando as letras compõem palavras.

Para tratar das letras em itálico, é preciso discorrer com mais detalhes. À primeira vista, sua característica mais marcante é a inclinação para a direita. Na realidade, esse é apenas um fenômeno secundário. A forma primordial escrita do nosso itálico surgiu no início do século XV, em Florença, no mesmo local e mais ou menos ao mesmo tempo que a Scriptura humanistica. Em relação à Humanistica, a caligrafia que mais tarde ficou conhecida como Cancellaresca corsiva indica duas importantes diferenças estruturais: ela tem, em média, menos traços isolados de pena; a posição da pena é mais inclinada, as formas de cada letra tendem a se juntar entre si; necessita de menos espaço para o mesmo tamanho de letra, uma vez que suas proporções

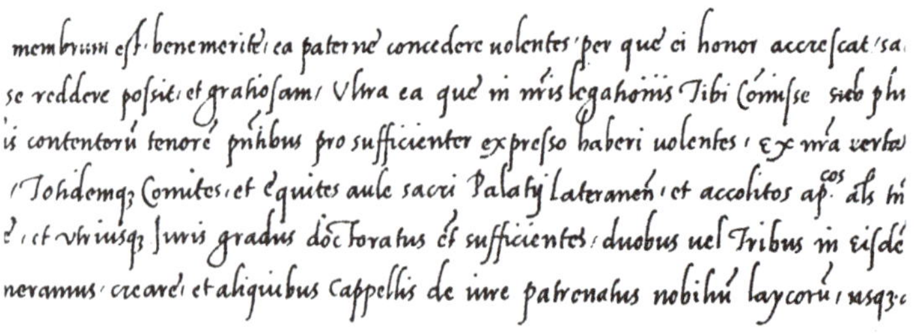

[manuscrito em cancellaresca corsiva]

Fig. 19. Cancellaresca corsiva com inclinação quase imperceptível para a direita. Detalhe (reduzido) de um breve papal de 1512. (Reproduzido a partir de STEFFENS, FRANZ: *Lateinische Paläographie*. Freiburg i. Ü., 1903.)

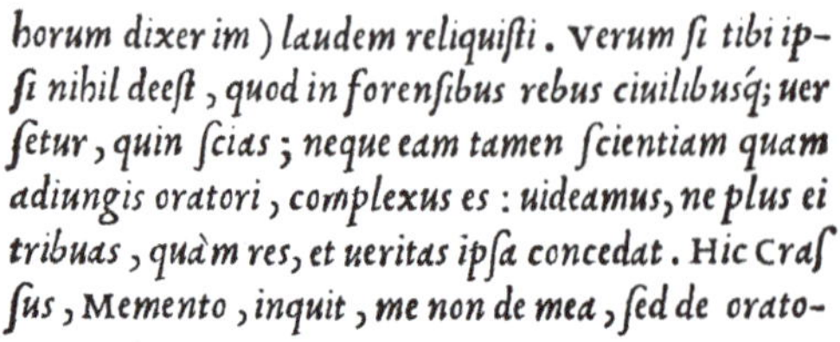

horum dixerim) laudem reliquisti. Verum si tibi ipsi nihil deest, quod in forensibus rebus ciuilibusq; uersetur, quin scias; neque eam tamen scientiam quam adiungis oratori, complexus es : uideamus, ne plus ei tribuas, quàm res, et ueritas ipsa concedat. Hic Crassus, Memento, inquit, me non de mea, sed de orato-

Fig. 20. O itálico que Paulo Manuzio, filho de Aldo, emprega em uma edição em Cícero in-8º pequeno (*De oratore, de claris oratoribus, orator*), de 1559, é da mesma variante que seu pai já utilizara. (Reproduzido em tamanho real a partir do original.)

são mais esguias. Como essa escrita, pelas razões mencionadas, é "corrente" e "apressada" (cursivo, do latim *currere* = correr, apressar-se), ou seja, pode ser escrita relativamente com mais rapidez, a maioria dos escreventes – mas nem sempre – acaba inclinando claramente as formas para a direita (fig. 19).

Em 1501, o humanista, editor e tipógrafo veneziano Aldo Manuzio foi o primeiro a utilizá-la em suas "edições de bolso" de autores antigos (fig. 20). Enquanto Aldo e outros tipógrafos da primeira metade do século XVI viam no itálico um estilo independente, mais tarde, a partir de meados do século XVI e até hoje, esse tipo de escrita seria visto, sobretudo, como uma escrita distintiva. Como tal e como antes, ela é a possibilidade mais refinada e, no entanto, clara, de destacar palavras isoladas ou partes inteiras de texto, seja porque se distingue da escrita básica simplesmente devido à sua estrutura diferente,

Exemplo da Bembo normal
Exemplo da Bembo itálica

Fig. 21. A diferença estrutural entre as variantes normal e itálica de um estilo clássico se revelam claramente no exemplo da Bembo.

a Algarve *Algarve*   b Algarve *Algarve*

Fig. 22. a: Onde não há diferenças estruturais, a única distinção em relação à variante normal continua sendo a posição inclinada. Como na Linotype Univers 430 deste exemplo, muitas fontes sem serifa possuem "falsos" itálicos. No entanto, estas foram desenhadas dessa forma pelos *designers*, enquanto as variantes chamadas de "italizadas", inclinadas eletronicamente, produzem um resultado artificial e insatisfatório. b: Fonte sem serifa com itálico autêntico: Scala Sans.

seja porque, além disso, também se distingue por um tom particular de cinza. (Para outras possibilidades de destaque na escrita, ver a seção "Destaques", p. 46.)

Somente no século XIX surgiram os "falsos" itálicos, por influência das escritas litográficas desenhadas. De todas as características dos autênticos itálicos, eles receberam apenas a inclinação, a propriedade secundária, mas não a estrutura de base (figs. 21 e 22).

Atualmente, é possível passar fontes para o modo itálico, ou seja, incliná-las eletronicamente. Os resultados não são convincentes, uma vez que não se consegue levar em conta as condições ópticas. Quando não existe itálico para determinada variante e se é obrigado a recorrer a meios eletrônicos para tornar uma fonte itálica, deve-se tomar cuidado para não deixar a inclinação maior do que 10°; do contrário, a distorção é muito grande.

A palavra

Uma vez que o olho do leitor adulto registra não as letras isoladamente, e sim as palavras (ou partes dela), é evidente que, no processo de leitura, estas desempenham um papel especialmente importante. Em um impresso legível, as letras isoladas são desenhadas sempre em vista de seu efeito na palavra. Quando claramente distinguíveis umas das outras, elas precisam inserir-se da melhor forma possível na palavra como um todo.

Em regra, quantidades maiores de texto são compostas com letras minúsculas, às quais se acrescentam algumas maiúsculas no início das frases ou dos nomes próprios. As medianas, bem como as hastes ascendentes e descendentes das letras minúsculas, produzem contornos de palavras característicos, que são diferenciados pelos acentos, pelo pingo no i, pela altura específica do t e, naturalmente, pelo contorno próprio de cada letra.

Em contrapartida, um texto composto apenas de maiúsculas produz no contorno apenas retângulos de comprimentos diferentes. Uma composição que contenha apenas versais é manifestamente mais difícil de ler e precisa de mais espaço (figs. 23 e 24).

Por isso, a formação clara das hastes ascendentes e descendentes é um requisito importante. Ela não apenas é preenchido por comprimentos satisfatórios, como também por um desenho característico, por exemplo, das serifas.

Os resultados pouco legíveis de uma composição a que ocasionalmente somos apresentados são, em grande parte, consequência de espaçamentos insuficientes entre as letras. Em todo texto, a superfície impressa concorre com a não impressa. O mesmo vale para cada linha, cada palavra e cada letra. Assim como a página deve apresentar um tom de cinza se possível sem manchas, mas não monótono, a linha e a palavra também precisam ter um tom de cinza homogêneo. (Como vimos, o *designer* de tipos já tem de levar isso em conta ao desenhar cada letra.) Páginas, linhas ou palavras com manchas irregulares são produzidas quando os espaçamentos entre os caracteres não são corretos, quando são grandes, pequenos ou irregulares demais.

O espaçamento entre as letras é uma função de seu espaço interno. Quanto menor esse espaço interno, menor o espaçamento; quanto maior o espaço interno, maior o espaçamento. Isso vale não apenas

LEGIBILIDADE Legibilidade

Fig. 23

PESQUISAS SOBRE LEGIBILIDADE PODEM TER RESULTADOS CONTRADITÓRIOS. MAS UMA COISA É CERTA: A COMPOSIÇÃO EM CAIXA-ALTA É MAIS DIFÍCIL DE LER DO QUE AQUELA EM CAIXA-ALTA E BAIXA. EM PALAVRAS ISOLADAS, ISSO NÃO CHEGA A SER RELEVANTE, MAS EM TEXTOS MAIORES, SIM. NESSE CASO, A DIFERENÇA EM RELAÇÃO AO ESPAÇO NECESSÁRIO TAMBÉM É GRANDE.
a

Pesquisas sobre legibilidade podem ter resultados contraditórios. Mas uma coisa é certa: a composição em caixa-alta é mais difícil de ler do que aquela em caixa-alta e baixa. Em palavras isoladas, isso não chega a ser relevante, mas em textos maiores, sim. Nesse caso, a diferença em relação ao espaço necessário também é grande.
b

PESQUISAS SOBRE LEGIBILIDADE PODEM TER RESULTADOS CONTRADITÓRIOS. MAS UMA COISA É CERTA: A COMPOSIÇÃO EM CAIXA-ALTA É MAIS DIFÍCIL DE LER DO QUE AQUELA EM CAIXA-ALTA E BAIXA. EM PALAVRAS ISOLADAS, ISSO NÃO CHEGA A SER RELEVANTE, MAS EM TEXTOS MAIORES, SIM. NESSE CASO, A DIFERENÇA EM RELAÇÃO AO ESPAÇO NECESSÁRIO TAMBÉM É GRANDE.
c

Fig. 24. Os exemplos a e b falam por si. Quando o corpo da composição em caixa-alta é reduzido e o espaço necessário não é muito maior do que aquele usado em caixa-alta e baixa, o texto torna-se quase ilegível (c).

tollere **tollere** tollere tollere

Fig. 25. Espaço interno pequeno das letras – espaçamento pequeno entre as letras; espaço interno grande das letras – espaçamento grande entre as letras.

para a escrita latina – seja romana, seja gótica –, mas também para a grega e a cirílica, bem como para a grafia manuscrita, desenhada e tipográfica (fig. 25).

À medida que têm seu corpo aumentado, as letras isoladas tornam-se proporcionalmente mais esguias – é o que também deveria acontecer nas fontes digitalizadas –; por conseguinte, o espaçamento entre elas também se torna proporcionalmente menor. (Com maior ou menor êxito, o aumento ou a redução do chamado *tracking* são levados em conta pelos fornecedores ao programar uma nova fonte.)

As palavras compostas em minúsculas parecem não ter coesão quando os espaços entre as letras são mais claros – ou seja, maiores – do que seus espaços internos; um espaçamento muito estreito entre as letras tem como consequência uma mancha de texto borrada (fig. 26).

Há exceções: certas fontes – sem serifa condensadas, sem serifa condensadas e em seminegrito ou sem serifa condensadas e em negrito, ou ainda condensadas em itálico – dificilmente são legíveis em corpo muito reduzido; nesse caso, um espaçamento de poucas unidades pode melhorar a legibilidade. Dependendo da circunstância, o tamanho do espaçamento deve ser decidido de acordo com a fonte e seu corpo (fig. 27).

Em relação ao respectivo tamanho da fonte, nas minúsculas existe, teoricamente, *um* espaçamento correto. (Ao menos as variáveis de espaçamento se mantêm em limites extremamente estritos.)

Com as maiúsculas, essa relação é um pouco menos simples. Nelas se pode partir de um espaçamento mínimo, que, conforme a situação, pode ser mais ou menos aumentado. O espaçamento mínimo resulta da claridade dos espaços internos maiores (C, D, G, O, Q): se uma dessas figuras abrir lacunas na palavra como um todo, é porque os espaçamentos estão muito pequenos (fig. 28).

Entretanto, o espaçamento pode ser substancialmente aumentado. Isto vai depender da área disponível ao redor. Letras maiúsculas com um espaçamento muito grande precisam de muito espaço em todos os lados, especialmente em cima e embaixo.

No entanto, para serem legíveis, as maiúsculas necessitam não apenas de um espaçamento maior; elas também precisam apresentar um equilíbrio no espaçamento entre elas (do mesmo modo que as minúsculas, entre outros pré-requisitos). Os espaçamentos são equilibrados quando, do ponto de vista óptico, parecem ter o mesmo tamanho.

composição muito espaçada
composição muito estreita

Fig. 26

Fontes sem serifa, muito condensadas ou condensadas, e fontes em itálico muito condensadas são pouco legíveis. Nesses casos, um espaçamento de poucas unidades pode melhorar a legibilidade. O espaçamento depende do tipo de fonte e do seu corpo.

Fontes sem serifa, muito condensadas ou condensadas, e fontes em itálico muito condensadas são pouco legíveis. Nesses casos, um espaçamento de poucas unidades pode melhorar a legibilidade. O espaçamento depende do tipo de fonte e do seu corpo.

Futura Light Condensed; o segundo parágrafo tem o espaçamento necessário.

Fontes sem serifa, muito condensadas ou condensadas, e fontes em itálico muito condensadas são pouco legíveis. Nesses casos, um espaçamento de poucas unidades pode melhorar a legibilidade. O espaçamento depende do tipo de fonte e do seu corpo.

Fontes sem serifa, muito condensadas ou condensadas, e fontes em itálico muito condensadas são pouco legíveis. Nesses casos, um espaçamento de poucas unidades pode melhorar a legibilidade. O espaçamento depende do tipo de fonte e do seu corpo.

Franklin Gothic Extra Condensed; o segundo parágrafo tem o espaçamento necessário.

Fontes sem serifa, muito condensadas ou condensadas, e fontes em itálico muito condensadas são pouco legíveis. Nesses casos, um espaçamento de poucas unidades pode melhorar a legibilidade. O espaçamento depende do tipo de fonte e do seu corpo.

Fontes sem serifa, muito condensadas ou condensadas, e fontes em itálico muito condensadas são pouco legíveis. Nesses casos, um espaçamento de poucas unidades pode melhorar a legibilidade. O espaçamento depende do tipo de fonte e do seu corpo.

Monotype Baskerville Italic; o segundo parágrafo tem o espaçamento necessário.

Fig. 27

Em livros técnicos e em aulas, recorre-se regularmente ao conceito de uniformidade da superfície (fig. 29).

Entretanto, à primeira vista, justamente essa ilustração mostra com clareza que, por exemplo, o espaço entre o O e o L tem uma superfície maior do que aquele entre o A e o R. E o que dizer então dos

WORTBILDER WORTBILDER

Fig. 28. À esquerda, espaçamentos muito estreitos e irregulares. À direita, espaçamentos mínimos – se esses espaçamentos fossem um pouco mais estreitos, o O e o D, bem como os espaços entre o R e o T, o T e o B, o L e o D "abririam lacunas". Muitas vezes, há controvérsias até mesmo entre especialistas sobre o equilíbrio "correto" de uma palavra.

WOLLWAREN

Os espaços não devem ser linearmente iguais,
mas precisam ter uma superfície igual.
As letras devem ser separadas por espaços
que tenham o mesmo tamanho e sejam suficientes.

Fig. 29. Extraído de TSCHICHOLD, JAN: *Meisterbuch der Schrift*. Ravensburg, 1965.

espaços entre as letras L e L, L e W, R e E, bem como entre o E e o N? Onde se inicia o espaçamento e onde termina o espaço próprio da letra? Embora o espaçamento entre as letras seja desigual, a palavra parece equilibrada; por conseguinte, o problema não pode estar nos espaçamentos uniformes das superfícies. Quando substituímos o conceito de superfície por aquele de luz, tudo se torna mais fácil, e podemos renunciar a conceitos vagos como "espaço residual das letras".

A luz, ou seja, a claridade do fundo, flui de cima e de baixo nos espaços internos dos caracteres e nos espaços entre eles. A luz que vem de cima é mais eficaz do que a que flui de baixo. Por conseguinte, a letra n de uma fonte sem serifa tem de ser desenhada de maneira um pouco mais larga do que a letra u da mesma fonte para ter a mesma largura do ponto de vista óptico. Do mesmo modo, o espaço entre I e A tem de ser menor do que aquele entre I e V (pressupondo-se que os ângulos de A e V sejam iguais). Esse fenômeno não pode ser resolvido com a teoria da uniformidade das superfícies, e sim pela tentativa de atingir uma luminosidade uniforme (fig. 31).

Em sistemas de composição sem chumbo, tornou-se possível não apenas aumentar, mas também reduzir o espaçamento entre as letras (fig. 26). Enquanto na composição com tipos de chumbo era impossível ou tecnicamente difícil evitar as lacunas que se formavam entre certas maiúsculas e as minúsculas seguintes, na composição sem chumbo

A TRIBUTE TO JAN TSCHICHOLD
FROM LONDON

JAN TSCHICHOLD was a brilliant typographer, a practical designer of any printed matter, not only of books, but also of the whole range of graphic work from labels to large cinema posters. He was also a distinguished teacher and a considerable author and editor,

A TRIBUTE TO JAN TSCHICHOLD
FROM LONDON

JAN TSCHICHOLD was a brilliant typographer, a practical designer of any printed matter, not only of books, but also of the whole range of graphic work from labels to large cinema posters. He was also a distinguished teacher and a considerable author and editor,

fig. 30. O primeiro grupo textual foi extraído do catálogo da exposição sobre Tschichold, em Zurique (*Jan Tschichold, Typograph und Schriftenwerfer,* 1902-1974 – *Das Lebenswerk.* Museu de Artes Decorativas da cidade de Zurique, 1976). O texto foi composto em 10/12 pt Sabon, em uma máquina de composição e fundição Linotype. O segundo grupo provém de um catálogo escocês da mesma exposição (*Jan Tschichold, Typographer and Type Designer,* 1902-1974. National Library of Scotland, 1982). Igualmente composto em 10 pt Sabon (entrelinha de 4,5 mm) no sistema de fotocomposição Berthold ads 3000. (Ilustrações reduzidas em cerca de 10%.) Ambos os sistemas de composição já não são usados; todavia, isso não é relevante para a comparação seguinte.
Embora o texto do catálogo escocês tenha sido composto com *tracking* 0, ou seja, com espaçamento "normal" entre as letras, os caracteres estão muito apertados (basta repararmos, por exemplo, na sequência de letras illi da palavra brilliant!); com praticamente a mesma entrelinha, a letra é grande demais, o que torna o alinhamento confuso. Por essas razões, a composição causa um efeito menos convidativo do que a do grupo de cima. Isso não está relacionado à fotocomposição como tal; o problema está no fato de o produtor, ao medir o *tracking* (o espaçamento entre as letras), ter trabalhado sem cuidado e de acordo com pontos de vista em voga.
Além disso, a aparência total de um impresso sempre depende de detalhes tipográficos. Isso por ser observado a partir do seguinte: no exemplo escocês, a inicial é grande demais; as linhas em caixa-alta foram compostas de maneira muito apertada, sem equilíbrio, e com uma entrelinha muito pequena. Embora o *layout* em sua integridade e (aparentemente) também os detalhes tenham sido adotados a partir do catálogo de Zurique, o resultado é pouco satisfatório. (O fato de o catálogo escocês ter 8 mm a menos de altura para a mesma largura e, portanto, de a mancha estar totalmente errada no espaço condiz com o restante.)

IA IV u n

Fig. 31. Do ponto de vista óptico, o espaçamento entre I e A tem o mesmo tamanho daquele entre I e V; o espaço interno do u é igual ao do n. Mas o compasso poderia revelar a verdade: entre I e V a superfície é maior do que entre I e A, e o espaço interno da superfície de n é maior do que aquele de u. O claro que flui de cima entre as letras e em seus espaços internos causa um efeito mais eficaz, mais "intenso".

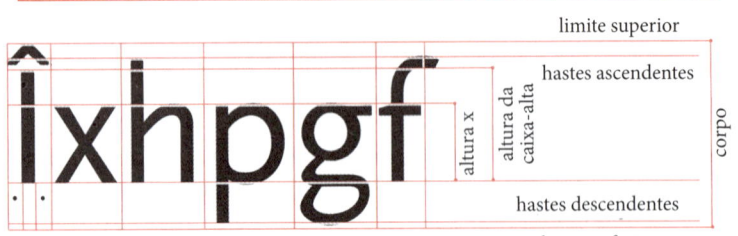

îxhpgf

limite superior
hastes ascendentes
altura x
altura da caixa-alta
corpo
hastes descendentes
limite inferior

Fig. 32. O posicionamento da letra em seu campo correspondente é chamado de ajuste. Cada letra tem sua largura própria, também chamada de espessura, e consiste no próprio caractere e na largura anterior e posterior a ele (•). O espaçamento entre caracteres, ou seja, a largura anterior e posterior, é chamado de *tracking*. Algumas letras (neste exemplo, a f) podem "invadir" o espaço da letra seguinte. A altura x corresponde à mediana. Por quadratim entende-se um quadrado com a mesma largura da altura total da letra até o limite superior (î) e inferior do campo da letra, que também é chamado de corpo. Em todos os tamanhos de caractere, esse corpo sempre corresponde ao corpo da letra em pontos.

essas dificuldades são resolvidas pelo chamado *kerning*. Mas o que isso significa?

Tal como na composição com tipos de chumbo, na digitalizada cada letra também tem uma largura-padrão: ao caractere cabe, à esquerda e à direita, determinado espaço, que é medido de maneira que a letra se insira perfeitamente na maioria das combinações – não muito próxima da letra anterior nem muito distante da que segue. Esses espaços são chamados de largura (fig. 32).

No entanto, há combinações que exigem um pouco mais ou um pouco menos de espaçamento do que o previsto no padrão. Para esses casos e quando se trata de um texto contínuo, os fornecedores de

Tanne	Tanne	Tanne
Vers	Vers	Vers
Wahl	Wahl	Wahl
Ypern	Ypern	Ypern

Fig. 33   sem *kerning*   muito apertado   correto

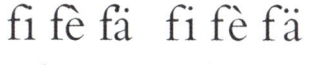

fi fè fä   fi fè fä   *fè fl fk*   *fè fl fk*
sem *kerning*   com *kerning*   sem *kerning*   com *kerning*

allfällig   allfällig   allfällig
f e ä se tocam   f e ä não se tocam   f e ä se tocam; nesse caso, não seria este exemplo melhor do que o do meio?

Fig. 34

fontes trabalham com tabelas de *kerning*, que também são designadas como *softwares* de estética.

As tabelas de *kerning* contêm os pares de letras entre os quais o espaçamento-padrão foi alterado. Em regra, são espaçamentos em pares, como

Av Ay 'A L' Ta Ty Ve Va Wo Wu Ya Ye etc. reduzidos, e em f) f! [f gg gy gf qj etc. aumentados.

Não se deve confiar cegamente nos *softwares* de estética. Sempre se encontram espaçamentos demasiado estreitos entre as maiúsculas e as minúsculas seguintes. Esse é um vestígio dos primórdios da composição sem chumbo, quando, de modo geral e por pura euforia para conseguir fazer um ajuste mais estreito, os espaçamentos na fotocomposição eram muito apertados. As maiúsculas possuem um espaço interno maior do que as minúsculas correspondentes; por isso, também exigem um espaçamento análogo (fig. 33).

fidel fliegen schaffen griffig soufflieren
fidel fliegen schaffen griffig soufflieren
fidel fliegen schaffen griffig soufflieren
fidel fliegen schaffen griffig soufflieren

Fig. 35. Ligaturas-padrão e ligaturas-padrão ampliadas da língua alemã, normais e itálicas, comparadas com versões sem ligatura.

höflich Schäflein Kaufleute aufflattern
höflich Schäflein Kaufleute aufflattern

Fig. 36. Entre o radical das palavras (höf-, Schäf-) e seus sufixos (-lich, -lein), bem como na junção de duas palavras que formam uma composta (Kauf-Leute, auf-flattern) não são feitas ligaturas.

Moufflons, soufflieren

Fig. 37

Auflage Aufl.   gefälligst gefl.

Fig. 38

Mesmo nas minúsculas, muitas fontes, sobretudo aquelas em itálico, também precisam de *kerning* adicional. Em regra, os caracteres isolados não devem tocar-se. Uma pequena lacuna entre duas letras é menos ruim do que caracteres que se unem uns aos outros. Porém, também nesse caso há exceções; deve-se decidir seguindo a razão e o senso de proporção (fig. 34).

É possível corrigir uma tabela *kerning* existente ou complementá--la com combinações adicionais; contudo, há que se ter cuidado: as correções não devem sobressair, tampouco podem ocorrer colisões com os acentos suspensos. Um bom software de estética só pode valer para uma língua, uma vez que cada língua possui seus próprios pares críticos de letras.

Ao capítulo "Palavra" também pertencem as ligaturas, ou seja, as junções de letras. Em geral, estas consistem em duas ou três letras ligadas entre si. As ligaturas mais frequentes variam de língua para língua. Em português, os pares mais usados são fi e fl. No alemão, as ligaturas-padrão são ff, ffi e ffl (fig. 35).

As ligaturas são usadas quando reúnem letras que pertencem ao radical da palavra (fig. 35). Não se empregam ligaturas entre o radical da palavra e seu sufixo (com exceção de fi), tampouco na junção de palavras que formam uma palavra composta, considerando-se também palavras compostas as junções com prefixos (fig. 36).

Se a fonte que estiver sendo usada não dispuser de ligatura tripla, naqueles casos em que dois pares de letras que formam ligaturas se encontram, deve-se compor de acordo com as sílabas fonéticas: Mufflons, soufflieren (fig. 37).

Se uma abreviação terminar com duas letras que podem formar uma ligatura, esta deve ser empregada (fig. 38).

Por razões formais, em princípio, muitos tipógrafos sempre empregam ligaturas, mesmo quando isso contraria as regras mencionadas acima.

A linha

Depois das letras e da palavra, a linha é a terceira unidade da tipografia de detalhe. Espaçamentos entre palavras e espaçamentos antes e depois de sinais de pontuação, bem como a medida das linhas, não devem ser indiferentes ao tipógrafo. Enquanto todas as questões referentes às letras e à palavra valem para toda sorte de texto contínuo, com a linha é preciso levar em conta o tipo de impresso.

Isso vale pelo menos para a medida da linha. Naturalmente – e desde que uma composição em duas colunas não seja possível –, uma obra científica, em que fórmulas extensas, tabelas ou representações gráficas devem ser inseridas, terá linhas mais largas do que um romance ou até do que as colunas de uma obra de consulta, de uma revista de entretenimento ou de um jornal. Linhas muito curtas ou muito longas cansam e, por isso, prejudicam a legibilidade.

Em obras de consulta, com linhas geralmente (muito) curtas, o esforço não é importante, na medida em que, em regra, nelas não se leem grandes quantidades de texto. Enquanto profissionais tipográficos sugerem uma linha ideal com um total de 50 a 60 ou de 60 a 70 letras, Tinker afirma, por um lado, que uma fonte de 10 pontos com 2 pontos de entrelinha, em larguras entre 14 e 31 paicas (cerca de 6 a 23 cm), têm igualmente uma boa legibilidade, mas, por outro, sustenta: "Reader preferences quite definitely favor moderate line widths. Relatively long and very short line widths are disliked. In general, printing practice seems to be adjusted to the desires of the average reader with regard to line width."

Também nesse ponto parece haver uma discrepância considerável entre a legibilidade óptica e o estímulo à leitura (ver adiante, p. 56).

Entretanto, a relativa legibilidade de uma linha depende não apenas de seu comprimento, mas também do espaçamento correto entre as palavras e da justificação.

Não há dúvida de que o espaçamento entre as palavras não pode ser muito grande e de que a soma das palavras deve produzir uma linha uniforme e coesa. O que vale para os espaçamentos entre letras também vale para aqueles entre palavras: estes também são uma função dos espaços internos das letras; quanto menores esses espaços internos, tanto menores os espaçamentos entre palavras, e quanto maiores os espaços internos, tanto maiores os espaçamentos entre palavras (fig. 39).

Fontes largas: espaçamento grande entre as palavras

Fontes estreitas: espaçamento menor entre as palavras

A linha

Fig. 39

Ah, welch endloser Durst, welch endloser Hunger wühlte damals in all meinen Adern nach Dir, nach deiner Jugendkraft. Im Traume trank ich und verschlang ich Dein Leben, wie man Wein trinkt, wie man Honig isst. Ich öffnete Dir das lebendige Herz in der Tiefe der Brust, ohne Dir weh zu thun; und die Tropfen Deines Blutes waren für mich wie Kerne des Granatapfels. Der Wohlgeschmack Deines Blutes lag über Deinem Antlitz,

Fig. 40. Para conseguir compor muitas linhas no menor tempo possível – os tipógrafos costumavam trabalhar por empreitada –, no século XIX e no início do XX, muitas vezes se usava meio quadratim na justificação, ou seja, separavam-se as palavras umas das outras com tanto espaço quanto a metade do corpo de letra empregado. (Exemplo extraído de D'Annunzio, Gabriele: *Traum eines Herbstabends*. Berlim, 1903.)

Linha com espaçamento muito grande entre as palavras.
Linha com espaçamento muito pequeno entre as palavras.
Linha com espaçamento moderado entre as palavras.

Fig. 41. Na dúvida, linhas com espaçamentos muito pequenos entre palavras são preferíveis àquelas com espaçamentos muito grandes.

a Estas linhas têm a mesma fonte

b Estas linhas têm a me

c Estas linhas têm a me

Fig. 42. As linhas a e b têm a mesma fonte e foram compostas com um espaçamento que não permite a quebra de linha; porém, os espaçamentos do corpo grande parecem enormes. Se forem ligeiramente reduzidos, a imagem torna-se mais agradável (c).

35

Para o espaçamento concreto entre palavras, vale a seguinte regra, aplicável de modo geral: tão grande quanto necessário, tão pequeno quanto possível. Geralmente, um espaçamento claro e não muito grande tem cerca de um quarto de quadratim, em um corpo de 10 pontos, portanto, com 2,5 pontos. No entanto, em última análise, também nesse caso é o olhar crítico que decide (figs. 40 e 41). Corpos menores exigem espaçamentos proporcionalmente maiores, enquanto corpos grandes exigem espaçamentos proporcionalmente menores (fig. 42).

Por alinhamento blocado entendemos hoje a composição justificada em determinada largura de linha, sendo que todas as linhas têm o mesmo comprimento. O espaço que restaria no final das linhas é distribuído entre as palavras (é o que o jargão chama de "blocar"). Se restar um espaço relativamente grande, os espaçamentos já existentes entre as palavras podem ser "reduzidos", permitindo, assim, o encaixe de uma palavra ou, pelo menos, de uma ou mais sílabas de uma palavra no final da linha (é o que se chama de "inserir"). Em linhas suficientemente largas, em geral não se notam nem um caso nem outro. Um alinhamento blocado causa um efeito harmonioso e neutro. A quem deseja um meio-termo aceitável entre um número ideal de letras e uma composição equilibrada, recomenda-se um conjunto de 60 a 70 letras (como nesta brochura).

(A quantidade ideal de caracteres em uma linha varia de língua para língua. Quando menor o comprimento médio das palavras, menor a medida da linha.)

Em colunas muito pequenas, ou seja, em comprimentos de linha com menos de 50 letras, tanto a inserção quanto a blocagem tornam-se difíceis ou até impossíveis. Os espaçamentos entre as palavras mostram-se nitidamente irregulares, lacunas grandes se acumulam. No alinhamento irregular, ou seja, nas linhas de comprimento desigual à direita, é possível lidar com as dificuldades; geralmente, todos os espaçamentos entre as palavras têm o mesmo tamanho.

O alinhamento irregular limita-se não apenas a linhas curtas. Também é empregado em larguras de colunas adequadas ao alinhamento blocado. Nesses casos, a criatividade e a estética respondem por ele: por um lado, a composição da mancha torna-se mais simétrica devido aos espaçamentos iguais entre as palavras do texto, mas também mais dinâmica devido ao contorno irregular da margem direita.

A linha

O que é a boa tipografia? A página de livro harmoniosa, configurada de acordo com pontos de vista tradicionais, ou aquela divertida e de vanguarda? Quem rapidamente pende sua opinião em favor de uma ou outra solução exprime mais sua posição em relação à estética do que algo sobre a boa tipografia. Por isso, a pergunta deve ser: que tarefa

a

O que é a boa tipografia? A página de livro harmoniosa, configurada de acordo com pontos de vista tradicionais, ou aquela divertida e de vanguarda? Quem rapidamente pende sua opinião em favor de uma ou outra solução exprime mais sua posição em relação à estética do que algo sobre a boa tipografia. Por isso, a pergunta deve ser: que tarefa o livro tem a

b

Fig. 43.

O alinhamento irregular pode ser realizado de duas maneiras diferentes:

1. Sem hifenização e sem outros ajustes (fig. 43 a). Dependendo do caráter do trabalho, essa justificação pouco cuidada e disforme pode até ser correta.

2. Com hifenizações moderadas e uma zona de variação agradável (= distância entre a linha mais curta e a mais comprida). Em geral, contém mais ou menos a mesma quantidade de letras ou não muito menos do que no alinhamento blocado.

A zona de variação não deve ser muito grande. Se possível, devem-se evitar o ritmo irregular, as "escadas", as "barrigas", as palavras isoladas no canto direito (fig. 43 a), bem como as más divisões silábicas. O alinhamento irregular com zona curta de variação (fig. 43 b) tam-

bém é chamado de composição grosseira. O alinhamento irregular com zona larga de variação torna-se desarmônico, mesmo quando o ritmo de linhas mais curtas e mais longas for regular; acaba lembrando, de modo inadmissível, o alinhamento de poesia.

Obter um alinhamento irregular perfeito é algo difícil, muito trabalhoso e, por essa razão, raro.

Muitas das regras de espaçamento antes e depois de versais e sinais de pontuação, que antigamente eram observadas sem dificuldades na tipografia civilizada, hoje estão quase perdidas. No entanto, elas são importantes não apenas para uma composição uniforme, mas também para uma compreensão fácil do texto. Dependendo da fonte, o espaçamento deve ser adicionado manualmente, para mais ou para menos. Assim, sinais como : ; ? ! e " devem ser separados da última letra da palavra precedente com um nítido espaçamento. Do mesmo modo, parênteses e aspas, bem como algarismos sobrescritos (expoentes, elevados) e asteriscos não devem colar muito perto da letra seguinte ou precedente. A menos que o fornecedor de fontes já tenha feito as devidas correções no *kerning*, nesse tipo de situação as intervenções devem ser manuais (fig. 44).

Portanto, assim como antes e depois de letras com "rebarba" (A T V W e Y) o espaçamento entre as palavras deve ser um pouco reduzido, o mesmo deve ser feito após os pontos de abreviação (fig. prof. dr. jur. núm. etc.) (fig. 45).

Um mau hábito frequentemente encontrado são as letras de nomes abreviados muito próximas umas das outras e um espaçamento demasiado grande entre a última abreviação e o início do sobrenome (fig. 46). Todos os sinais de pontuação restantes também devem ser empregados corretamente. Eles não são tão irrelevantes quanto podem parecer devido à sua discrição (figs. 47 e 48).

As reticências (...) constituem um único glifo. Representam suspensões e podem ser substituídas por três pontos isolados (...). Nesse caso, porém, devem ser separadas umas das outras. Dependendo da fonte, pode-se optar por uma ou outra forma (fig. 49).

Com frequência, os traços horizontais são empregados de maneira errônea. É necessário distinguir o hífen (-) do travessão, que, conforme

Tipografia:	Tipografia :	›eu sinto‹	› eu sinto ‹
Tipografia;	Tipografia ;	‹eu sinto›	‹ eu sinto ›
Tipografia?	Tipografia ?	»eu sinto«	» eu sinto «
Tipografia!	Tipografia !	«eu sinto»	« eu sinto »
T'grafia	T'grafia	‚eu sinto'	‚ eu sinto '
Tipografia²	Tipografia ²	„eu sinto"	„ eu sinto "
Tipografia*	Tipografia *	'eu sinto'	' eu sinto '
muito perto	com espaço	"eu sinto"	" eu sinto "
		(eu sinto)	(eu sinto)
		[eu sinto]	[eu sinto]
		muito perto	com espaço

Fig. 44

Prof. dr. Peter Weber   p. e.   out. 2005   5. 6. 2005
Prof. dr. Peter Weber   p. e.   out. 2005   5.6.2005

Fig. 45. Em geral, os espaçamentos após os pontos de abreviação parecem muito grandes (primeira linha), enquanto espaçamentos reduzidos (segunda linha) não rompem a coesão.

A exposição na galeria municipal mostrou trabalhos do romântico C.E.F.H. Blechen e de K.R.H. Sonderborg.

A exposição na galeria municipal mostrou trabalhos do romântico C. E. F. H. Blechen e de K. R. H. Sonderborg.

Fig. 46. Nomes abreviados não devem ficar muito próximos uns dos outros nem ser opticamente separados do sobrenome, como no primeiro exemplo.

Componha a palavra de destaque em *itálico;* fica melhor.

Componha a palavra de destaque em *itálico*; fica melhor.

Fig. 47. Por uma questão puramente óptica, dois-pontos, ponto e vírgula e outros sinais de pontuação após uma palavra ou frase em itálico têm um efeito melhor quando também são grafados em itálico, e não no modo regular; todavia, a pontuação em itálico não faz sentido, uma vez que pertence à frase como um todo.

1:2 2:3 3:4   1 : 2 2 : 3 3 : 4   1 : 2 2 : 3 3 : 4

Fig. 48. Dois-pontos entre números ficam muito próximos sem espaçamento; com o espaçamento usado entre palavras, surgem lacunas. O terceiro grupo apresenta espaçamentos moderados. Em todo caso, estes devem harmonizar-se com toda a área tipográfica.

Car...! (...) [...] ‹...› «...» "..." '...' O senhor ... já estava em ...
a   b   c   c   c   d   d   d

Fig. 49. Em interrupções de palavras, as reticências devem aparecer sem espaçamento após a última letra e antes da pontuação (a). Dentro de parênteses e aspas, elas devem igualmente permanecer sem espaço (b, c). Contudo, para palavras omitidas, as reticências devem apresentar espaçamento antes e depois (d). Se estiverem no final de uma frase, não deverão ser seguidas de ponto-final (d), mas os dois-pontos, o ponto e vírgula, o ponto de interrogação e o de exclamação são permitidos se for o caso. Nos exemplos a, b e c, é preciso prestar atenção ao *kerning*; eventualmente, devem-se reduzir ou aumentar os espaçamentos.

Mário de Sá-Carneiro   Notre-Dame   Clube Cruz-Maltino
guarda-chuva   couve-da-china

Fig. 50. Nesses exemplos, o hífen (-) é empregado como traço de união tanto em nomes próprios (primeira linha) como em substantivos comuns para unir dois ou mais componentes (segunda linha).

Ele voltou – ainda no mesmo dia –, mas estava mudado.

Fig. 51. O travessão usado para dar destaque a uma inserção.

Rio-Santos   Manaus-Belém   18h15-20h30

Fig. 52. O hífen usado para indicar o ponto inicial e o ponto final de um trajeto ou de um período. Em ambos os casos, ele não deve colidir com as letras nem com os numerais. Os espaçamentos mínimos devem ser iguais de ambos os lados.

a situação, pode indicar mudança de interlocutor, pausa, enumeração ou subtração. Esses travessões podem ter a largura de um quadratim (—), ou a metade dele (–), que, de resto, raras vezes corresponde à verdadeira metade de um quadratim. O hífen não deve ser empregado para funções reservadas ao travessão (figs. 50 a 53).

Com frequência, inserem-se barras oblíquas sem espaço entre duas palavras, o que pode produzir situações absurdas (fig. 54).

Quando se indicam medidas em um texto contínuo, o sinal correto de "vezes" (×) acaba por sobressair demais no campo escrito; por isso é recomendável substituí-lo pelo correspondente caractere x (fig. 55).

A linha

Escritas utilizadas
– Adobe Minion Regular
– Adobe Minion Expert Regular
– Adobe Minion Italic
– Futura Bold

a

Escritas utilizadas
– Adobe Minion Regular
– Adobe Minion Expert Regular
– Adobe Minion Italic
– Futura Bold

b

Escritas utilizadas
• Adobe Minion Regular
• Adobe Minion Expert Regular
• Adobe Minion Italic
• Futura Bold

c

Escritas utilizadas
· Adobe Minion Regular
· Adobe Minion Expert Regular
· Adobe Minion Italic
· Futura Bold

d

Fig. 53. Travessão usado para indicar listagem ou enumeração. É separado da palavra que o segue por um ou mais espaçamentos. Pode ser substituído por pontos em negrito (c) ou claros (d), centralizados na altura da linha. Dependendo da fonte e do teor do texto, opta-se por uma ou outra solução e, dependendo do conceito tipográfico, alinham-se os travessões ou os pontos com o início da linha de cima (a, c) ou antes dela (b, d).

Alfons Meyer/Peter Gamma/Walter Vetsch/Rudolf Wollner
Alfons Meyer / Peter Gamma / Walter Vetsch / Rudolf Wollner

Fig. 54. Um contrassenso frequentemente encontrado: barras usadas sem espaçamento – o que forma um conjunto acaba sendo desmembrado.

As regras ortográficas da língua portuguesa exigem aspas duplas para citações ("tipografia") e aspas simples ('tipografia') para citações dentro de outra citação. Contudo, para se ter uma composição tipograficamente agradável, usam-se as aspas simples para as citações mais frequentes e, nos casos mais raros de citação dentro de citação, as aspas duplas (fig. 56). É bom lembrar que, em alguns países europeus, o estilo das aspas é diferente. Na Alemanha, por exemplo, há dois tipos: "tipografia" ou »tipografia«. Este último também é utilizado na Suíça e na França, porém, com as pontas voltadas para fora: «tipografia».

Abreviações com letras maiúsculas costumam ter um efeito muito forte, prejudicando a fluidez da linha. Em vez das versais, podem-se usar os versaletes para grafá-las; no entanto, muitas vezes eles causam um efeito estranho. Outra possibilidade – e, em geral, a melhor – con-

Dos quadros de Marc, dois tinham as dimensões 150 × 105 cm, e um tinha 70 × 56 cm. Seus outros trabalhos eram pequenos; o menor deles, uma aquarela, não passava de 10 × 12 cm.

Dos quadros de Marc, dois tinham as dimensões 150 x 105 cm, e um tinha 70 x 56 cm. Seus outros trabalhos eram pequenos; o menor deles, uma aquarela, não passava de 10 x 12 cm.

Fig. 55. Enquanto nos textos matemáticos eles são corretos, em um texto contínuo, não matemático, os sinais de vezes (×) sobressaem em demasia; devem ser substituídos pelo x da fonte empregada na composição. Nesse contexto, todo o mundo o reconhecerá como um sinal de vezes. Os espaçamentos antes e depois do x ficam melhores quando são um pouco menores do que o espaçamento entre palavras, como é o caso no exemplo acima.

Tipografia significa "escolha dos tipos corretos, legibilidade, organização, colocação lógica dos elementos", bem como "observância minuciosa dos detalhes" – recordando "uma frase muito citada de Rodin: 'C'est le détail qui fait le chef-d'œuvre.'" Do mesmo modo, segundo Max Caflisch, seria não apenas "enganoso mas até grotesco" acreditar que a tipografia tivesse de

Tipografia significa 'escolha dos tipos corretos, legibilidade, organização, colocação lógica dos elementos', bem como 'observância minuciosa dos detalhes' – recordando 'uma frase muito citada de Rodin: "C'est le détail qui fait le chef-d'œuvre." ' Do mesmo modo, segundo Max Caflisch, seria não apenas 'enganoso, mas até grotesco' acreditar que a tipografia tivesse de

Fig. 56. Exemplos em cima: de acordo com as regras ortográficas; embaixo: é melhor quando as aspas duplas, que sobressaem mais, são usadas nas raras citações dentro de outras citações.

No quartel-general da ONU em Nova York
No quartel-general da onu em Nova York
No quartel-general da ONU em Nova York

Fig. 57. (a) Versais em corpo 12 da fonte de base. (b) Versalete na fonte de base. (c) Versais em corpo 11, um corpo a menos do que o da fonte de base.

siste em compor a abreviação com meio corpo a menos ou, dependendo da fonte, um corpo inteiro a menos. Embora a força do traço já não se harmonize com aquela da fonte de base, do ponto de vista óptico essa escrita não se destaca em demasia (fig. 57).

Algarismos

Sete é um número, mas 7 é um algarismo. Os conceitos de número e algarismo são confundidos com frequência. Um número representa um conceito quantitativo, enquanto um algarismo é um sinal gráfico que representa um número. Como na maioria das vezes os algarismos são empregados em um contexto complexo, eles serão tema deste capítulo.

Nas culturas ocidentais, conhecemos os algarismos romanos, que são reproduzidos por letras (I V X L C D M) e os arábicos, que vão de 0 a 9.

Nos algarismos arábicos, a tipografia distingue os algarismos versais (também chamados de algarismos maiúsculos ou normais) dos algarismos antigos (não alinhados ou elzevirizanos) e, além desses, os algarismos em versalete, os sobrescritos (expoentes), os subscritos (índices) e as frações.

Todos os algarismos versais têm a mesma altura, que corresponde mais ou menos àquela das versais da mesma família ou é um pouco menor. Geralmente, são utilizados em tabelas, sempre com a mesma largura (meio quadratim). Por outro lado, os algarismos antigos têm larguras variadas. Entretanto, há cada vez mais fontes cujos algarismos na forma versal, antiga ou até em ambas possuem tanto larguras individuais quanto iguais (fig. 58).

Algarismos em versalete, ou seja, aqueles no tamanho do versalete, são raros; quando disponíveis, devem ser empregados; quando não, pode-se recorrer aos algarismos antigos (fig. 59).

Para que números com vários algarismos não fiquem confusos ao serem apresentados, dividem-se os algarismos em grupos de três, começando de trás para a frente. Números com quatro algarismos também podem ser grafados sem separação (fig. 60).

Os algarismos sobrescritos devem ser separados do caractere anterior com um espaçamento pequeno, porém nítido (ver também

a 0123456789
b 0123456789
c 0123456789

1214960	4128154	2524901
4031257	3102476	1816382
a	b	c

Fig. 58. Lexicon nº 2, A: algarismos versais (a) e antigos (b) para tabelas, ambos com a mesma largura (meio quadratim); algarismos antigos com largura individual (c), inadequados para trabalhos tabelares, mas corretos em texto contínuo (ver fig. 64).

0123456789 VERSALETES
            COM ALGARISMOS EM VERSALETE

0123456789 VERSALETES
            COM ALGARISMOS ANTIGOS

Fig. 59. Poucas fontes (como aqui a Syntax Roman) possuem algarismos em versalete (a). Quando estes não existem, pode-se recorrer aos algarismos antigos para associá-los à composição em versalete (b).

4719   4719   46865   396781   23546719

Fig. 60

o símbolo de Kramp[16] H_2O Pb_3O_4

Fig. 61. A fonte Minion tem expoentes e índices especiais: com um tamanho uniforme, como os algarismos versais, porém com proporções essencialmente mais largas.

a Algarismo versal 1. b Algarismo versal 1.

Fig. 62. Espaçamentos não corrigidos antes e depois dos algarismos versais 1 (a); a mesma situação, corrigida manualmente (b).

a ½ ¾ ⅞ Frações

b ½ ¾ ⅞ Frações

c ¹/₂ ³/₄ ⁷/₈ Frações

Fig. 63. As frações especialmente desenhadas ficam melhores com a fonte empregada (nesse caso, a Minion); a força do traço combina com a fonte de base (a). O exemplo b mostra o efeito fraco de frações compostas com algarismos antigos sobrescritos e subscritos e o traço diagonal específico. Totalmente insatisfatórias são as frações compostas com a barra oblíqua normal e os algarismos versais sobrescritos e subscritos (c).

Por volta de 1329, Albrecht V. von Hohenberg voltou a Constança, após sua estada em Paris. Em 1307, surgiram dois Konrad Blarer como testemunhas. Não é possível determinar em qual deles os outros testemunhos de 1299 a 1316 se referem. Em todo caso, até 1316, um deles nunca foi nomeado líder municipal. Por outro lado, já em 1319 surgiu um Konrad Blarer entre os conselheiros municipais

Por volta de 1329, Albrecht V. von Hohenberg voltou a Constança, após sua estada em Paris. Em 1307, surgiram dois Konrad Blarer como testemunhas. Não é possível determinar em qual deles os outros testemunhos de 1299 a 1316 se referem. Em todo caso, até 1316, um deles nunca foi nomeado líder municipal. Por outro lado, já em 1319 surgiu um Konrad Blarer entre os conselheiros municipais, e foi

Fig. 64. O mesmo texto com algarismos versais (em cima) e algarismos antigos (embaixo). O algarismo versal 1, com espaçamento excessivo no exemplo de cima, não foi corrigido (ver também fig. 62).

fig. 44). O mesmo vale para os subscritos, que são grafados um pouco abaixo da linha. Para os expoentes e índices são adequados tanto os algarismos versais quanto os antigos, dependendo da fonte utilizada. Como geralmente os expoentes e os índices são muito pequenos – às vezes, porém, grandes demais e empregados de maneira incorreta em relação à linha de base –, é necessário alterar o ajuste para se obter o resultado desejado (fig. 61).

O algarismo 1, tanto o versal quanto o antigo – como os da Minion utilizada neste livro – com frequência possuem uma largura muito grande, o que produz espaçamentos indesejados que devem ser corrigidos manualmente em cada caso.

Frações com barra são compostas com algarismos maiúsculos ou minúsculos. Aqui também a decisão deve ser tomada com base na fonte empregada ou em determinada situação tipográfica. Para algumas fontes existem algarismos fracionários especiais, que já possuem a posição correta, são mais fortes, uma vez que não podem ser reduzidos, e, por isso, adaptam-se melhor à composição. O traço diagonal tem uma inclinação um pouco maior do que a barra oblíqua comum e não pode ser substituído por esta (fig. 63).

Tal como palavras compostas em caixa-alta, algarismos normais também sobressaem muito no texto contínuo e produzem uma imagem desarmônica. Eles devem ser reservados às tabelas e, no texto corrido, ser substituídos, quando possível, por algarismos em caixa-baixa. Além disso, geralmente os algarismos normais não são ajustados de maneira ideal e requerem um *kerning* adicional ou um tratamento individual na composição (fig. 64).

Muitas fontes sem serifa possuem apenas algarismos versais. Do mesmo modo, algumas poucas fontes não distinguem algarismos versais de algarismos antigos. No entanto, o desenho de seus "algarismos unitários" é apenas um pouco mais alto do que as medianas e, por essa razão, não perturba o fluxo do texto, como é o caso da Monotype Bell.

Destaques

O itálico é a forma mais clássica de destaque em textos corridos. Fontes em itálico são lidas com menos rapidez do que as regulares e, em grande quantidade, não são apreciadas pelos leitores. Se usadas com economia, têm a vantagem de despertar a atenção do leitor sem romper o fluxo do texto.

De modo semelhante se comportam os versaletes. São versais com a mesma dimensão óptica da mediana das minúsculas. Não podem ser substituídos por versais de corpo menor, uma vez que nessa redução ficam muito leves e, por isso, não causam um bom efeito. O peso do traço dos verdadeiros versaletes corresponde àquele das respectivas maiúsculas e minúsculas; no entanto, suas proporções são mais

a VERSAIS VERSALETES
b VERSAIS VERSALETES
c VERSAIS VERSALETES

Fig. 65. Versais e seus respectivos versaletes. a: 15 pt Lexicon 2 Roman A; b: 16 pt Scala Sans Regular; c: 16 pt Minion Regular; Versais espacejadas e compensadas com 17 unidades, versaletes com 12.

---

a VERSAIS E VERSALETES

b **VERSAIS E VERSALETES**

Fig. 66. a: versais da Minion Regular, 11 pt; b: versaletes da mesma fonte, compostos como a, em comparação com as proporções de mesma altura.

Com a seguinte forma de composição, a entrada das obras nas bibliografias é identificada com mais facilidade: o sobrenome e o nome dos autores em Versal-versalete, o título do livro em *itálico*, todas as informações restantes em modo regular; a segunda linha e as seguintes devem ser recuadas em um quadratim. Artigos em livros, jornais e revistas devem ser colocados entre aspas.

Com a seguinte forma de composição, a entrada das obras nas bibliografias é identificada com mais facilidade: o sobrenome e o nome dos autores em Versal-versalete, o título do livro em *itálico*, todas as informações restantes em modo regular; a segunda linha e as seguintes devem ser recuadas em um quadratim. Artigos em livros, jornais e revistas devem ser colocados entre aspas.

Fig. 67. Em cima: composição com falsos versaletes (versais em um corpo menor). Embaixo: a mesma composição com autênticos versaletes, cujo peso do traço se adapta à fonte do texto. Nesse exemplo, eles são ligeiramente espacejados e compensados.

---

largas do que as das maiúsculas (figs. 65, 66 e 67). É uma questão controversa espacejar ou não os versaletes. Na opinião do autor, cada estilo de fonte deve ser analisado em particular. Contudo, em regra, a legibilidade melhora sensivelmente quando os versaletes são um pouco espacejados e compensados. Na composição em versalete, palavras escritas com maiúsculas usam as versais da fonte do texto.

Papua-Nova Guiné *Oceania*
Estado independente de Papua-Nova Guiné; Papua New Guinea (inglês), Papua Niugini (pidgin) – PNG
(→ Mapas V, E 5 e VIII b, B 3)

Superfície (*ranking* mundial: 53): 462 840 km^2	
Habitantes (112): F 1997 4501000 = 9,7 por km^2	
Capital: Port Moresby 250 000 hab. (F 1994)	
Línguas oficiais: inglês, pidgin e motu	
PIB em 1997 por hab.: 930 $	
Moeda: 1 Kina (K) = 100 Toea	
Embaixada do Estado Independente de Papua-Nova Guiné na Alemanha: Gotenstr. 163, 53175 Bonn, 0228/93 56 10	

Estrutura do país Superfície: 462 840 km^2; parte oriental da ilha de Nova-Guiné, Arquipélago Bismarck (Nova Bretanha, Nova Irlanda, Nova Hanôver, entre outras), Bougainville e Buka (Ilhas Salomão), Ilhas do Almirantado, Arquipélago Louisiade, Ilhas de Entrecasteaux, Ilhas Trobriand e Progress Party/PPP 16 de 109 cadeiras (1992: 10), Pangu New Guinea Union Party/PANGU 13 (22), People's Democratic Movement/PDM (15), People's Action Party/PAP 6 (13), independentes 41 (31), outros 23 (18) – **Independência:** 16/09/1975 (1949--1975 território sob tutela da ONU e administração australiana) – **Feriado nacional:** 16/09

Economia – **Moeda:** 1 US-$ = 2,8090 K; 1 EUR = 2,9525 K – **PSB** 1997: 4185 mi $ – **PIB** 1997: 4639 mi $; crescimento real $\emptyset$ 1990-97: 5,7%; Participação (1997) **Agricultura** 29,8%, **Indústria** 38,3%, **Serviços** 31,9% – **Ocupação** 1997: agricultura 76% – **Desemprego:** sem dados – **Inflação** $\emptyset$ 1990-97: 6,7% – **Dívida externa** 1997: 2273 mi $ – **Comércio exterior** 1997: **Importação:** 2106 mi K; mercadorias: máquinas e equipamentos de transporte, bens industrializados, alimentos, combustíveis; Países 1996: 58% Austrália, 9% Cingapura, 9% Japão; **Exportação:** 2128 mi $; mercadorias: petróleo, ouro, madeira, café; Países 1996: 36% Austrália, 21% Japão, 8% Alemanha, 6% Grã-Bretanha – **Outros:** Turismo: 67830 visitantes (1998), 48,2 mi K de receita (1997)

Fig. 68. Dificilmente enciclopédias, dicionários e outras obras de consulta são lidos de maneira linear. Não obstante, uma vez que em enciclopédias e dicionários grandes, de vários volumes, as entradas de determinado verbete com frequência podem ultrapassar mais de uma coluna ou até mais de uma página, a tipografia de detalhe da fonte de base deve ser levada em conta. Ademais, além do itálico, ocasionalmente deve-se empregar todo o espectro de destaques possíveis, incluindo itálicos em seminegrito e espaçamentos, o que constitui um desafio para todo *designer* gráfico. Detalhe reduzido em 20%, [traduzido] a partir de *Der Fischer Weltalmanach 1995*.

Outros destaques – composição em versal, variantes em seminegrito ou negrito da fonte do texto, sublinhado, corpo maior, caractere diferente, uso de uma segunda cor, aplicação de grides em segundo plano – produzem uma imagem desarmônica e obstruem a leitura linear. Todavia, esses destaques podem ser úteis e até necessários em obras de consulta e livros didáticos ou ter um efeito inovador em livros experimentais.

O espaçamento entre as linhas, a mancha

A legibilidade de um texto é influenciada não apenas pela fonte, por seu corpo, pelos espaçamentos corretos ou não entre as letras e as palavras e pela medida das linhas, mas também pelo espaçamento entre as linhas, também chamado de entrelinha. O espaçamento entre as linhas é produzido pelo corpo da fonte, acrescido da entrelinha. Tinker aponta uma dependência mútua entre espaçamento entre as linhas, corpo da fonte e medida da linha, e enfatiza a importante influência da entrelinha na legibilidade.

Quanto mais larga for a linha, maior entrelinha ela requer com a mesma fonte e o mesmo corpo. Do mesmo modo, fontes mais claras – em regra, aquelas com grande espaço interno – necessitam de um espaçamento maior entre as linhas do que as fontes mais escuras. Portanto, a forma interna das letras influencia não apenas o espaçamento entre as letras e as palavras, mas também a entrelinha. Para os tipógrafos, a entrelinha é um recurso importante para alterar a "cor", o tom de cinza de uma composição (fig. 69).

Uma questão pertinente à composição justificada é a compensação da margem direita. Embora esta desempenhe um papel menos importante em corpos menores do que nos maiores, deve ser empregada sempre que for tecnicamente possível; mesmo com corpos menores, a composição terá um efeito mais harmônico (fig. 70).

Segundo uma antiga regra tipográfica, não se deve hifenizar mais do que três palavras sucessivamente, uma embaixo da outra, ao final das linhas. No entanto, se a única maneira de observar essa regra fosse tolerar uma paginação com grandes lacunas em uma ou mais de uma linha, isso seria pior para a composição e para a legibilidade do que quatro ou até cinco divisões seguidas de palavras.

"Caminhos de rato" verticais em uma coluna surgem quando os espaços entre as palavras coincidem exatamente ou quase em várias linhas subsequentes. Como perturbam o fluxo da leitura, deve-se tentar eliminá-los nas quebras de linha.

É pertinente perguntar-se se recuos na primeira linha de um parágrafo pertencem a nosso tema ou devem ser tratados no contexto do *layout*, do qual não nos ocupamos aqui. Conforme Tschichold sempre postulou de modo convincente, os recuos são indispensáveis

A tipografia pode ser definida como a arte de dispor corretamente o material de composição de acordo com determinado objetivo, ou seja, organizar os tipos e distribuir os espaços intermediários de tal forma que se facilite ao máximo a compreensão do texto pelo leitor. Em substância, a tipografia tem um objetivo prático e apenas casualmente estético; pois raras são as vezes em que o leitor apreciará uma impressão agradável. Por isso, é errada a configuração que se coloca entre o autor e o leitor, independentemente de sua intenção. Stanley Morison

A tipografia pode ser definida como a arte de dispor corretamente o material de composição de acordo com determinado objetivo, ou seja, organizar os tipos e distribuir os espaços intermediários de tal forma que se facilite ao máximo a compreensão do texto pelo leitor. Em substância, a tipografia tem um objetivo prático e apenas casualmente estético; pois raras são as vezes em que o leitor apreciará uma impressão agradável. Por isso, é errada a configuração que se coloca entre o autor e o leitor, independentemente de sua intenção. *Stanley Morison*

A tipografia pode ser definida como a arte de dispor corretamente o material de composição de acordo com determinado objetivo, ou seja, organizar os tipos e distribuir os espaços intermediários de tal forma que se facilite ao máximo a compreensão do texto pelo leitor. Em substância, a tipografia tem um objetivo prático e apenas casualmente estético; pois raras são as vezes em que o leitor apreciará uma impressão agradável. Por isso, é errada a configuração que se coloca entre o autor e o leitor, independentemente de sua intenção.   Stanley Morison

A tipografia pode ser definida como a arte de dispor corretamente o material de composição de acordo com determinado objetivo, ou seja, organizar os tipos e distribuir os espaços intermediários de tal forma que se facilite ao máximo a compreensão do texto pelo leitor. Em substância, a tipografia tem um objetivo prático e apenas casualmente estético; pois raras são as vezes em que o leitor apreciará uma impressão agradável. Por isso, é errada a configuração que se coloca entre o autor e o leitor, independentemente de sua intenção.   *Stanley Morison*

A tipografia pode ser definida como a arte de dispor corretamente o material de composição de acordo com determinado objetivo, ou seja, organizar os tipos e distribuir os espaços intermediários de tal forma que se facilite ao máximo a compreensão do texto pelo leitor. Em substância, a tipografia tem um objetivo prático e apenas casualmente estético; pois raras são as vezes em que o leitor apreciará uma impressão agradável. Por isso, é errada a configuração que se coloca entre o autor e o leitor, independentemente de sua intenção. Stanley Morison

A TIPOGRAFIA pode ser definida como a arte de dispor corretamente o material de composição de acordo com determinado objetivo, ou seja, organizar os tipos e distribuir os espaços intermediários de tal forma que se facilite ao máximo a compreensão do texto pelo leitor. Em substância, a tipografia tem um objetivo prático e apenas casualmente estético; pois raras são as vezes em que o leitor apreciará uma impressão agradável. Por isso, é errada a configuração que se coloca entre o autor e o leitor, independentemente de sua intenção.
Stanley Morison

Fig. 69. Seis apresentações do mesmo texto, com a mesma fonte e o mesmo corpo. Não obstante, cada grupo produz um efeito diferente: o espaçamento (e a ordenação) das linhas influi substancialmente na configuração. De cima para baixo e da esquerda para a direita: 9,5 pt Minion Regular com 0, 1, 2, 3, 4 e 6 pt de entrelinha.

para a leitura agradável de textos mais longos e, por essa razão, serão mencionados aqui. Separar parágrafos com linhas em branco rompe a mancha (no livro, as páginas), exige muito espaço e causa problemas quando um parágrafo termina no final de uma página. Em todo caso, apenas os recuos são indicadores seguros de um novo parágrafo (fig. 71).

A fim de melhorar tanto a atratividade quanto a legibilidade de um texto, às vezes é necessário reduzir o corpo utilizado quando a entrelinha permanecer igual.

a Typography is not an art. Typography is not a science. Typography is a craft. Not a craft in the sense of blindly following some poorly understood rules, but rather in the sense of the precise

b Typography is not an art. Typography is not a science. Typography is a craft. Not a craft in the sense of blindly following some poorly understood rules, but rather in the sense of the precise

c A tipografia não é uma arte nem uma ciência; a tipografia é um trabalho artesanal, não no sentido de que cumpre prescrições incompreendidas, e sim de que emprega, de maneira precisa, uma experiência solidamente verificada. O tipógrafo tem de saber como se lê o livro, a qual finalidade ele se destina, para então desenvolver sua concepção. Ele não é responsável pelo conteúdo, assim como o arquiteto tampouco é responsável pelos pensamentos daquele que se senta na cadeira projetada por ele. A cadeira tem de ser confortável e segura, nada mais.

d A tipografia não é uma arte nem uma ciência; a tipografia é um trabalho artesanal, não no sentido de que cumpre prescrições incompreendidas, e sim de que emprega, de maneira precisa, uma experiência solidamente verificada. O tipógrafo tem de saber como se lê o livro, a qual finalidade ele se destina, para então desenvolver sua concepção. Ele não é responsável pelo conteúdo, assim como o arquiteto tampouco é responsável pelos pensamentos daquele que se senta na cadeira projetada por ele. A cadeira tem de ser confortável e segura, nada mais.

Fig. 70. Não apenas com corpos de cerca de 12 pt e maiores a compensação da margem direita (b) é bem mais harmônica; graus menores também são beneficiados pela compensação automática da margem (d).

a Gutenberg já não pode ser nosso modelo. Ele já não pode nos dizer o que devemos fazer, mas apenas sussurrar o que não devemos fazer: imitar no tipo o modelo manuscrito. Como abordagem, isso já é errôneo e sempre conduz a resultados questionáveis, que, em todo caso, [se mostram] artificiais e até *kitsch*

b Gutenberg já não pode ser nosso modelo. Ele já não pode nos dizer o que devemos fazer, mas apenas sussurrar o que não devemos fazer:
    Imitar no tipo o modelo manuscrito. Como abordagem, isso já é errôneo e sempre conduz a resultados questionáveis, que, em todo caso, [se mostram] artificiais e até

c Gutenberg já não pode ser nosso modelo. Ele já não pode nos dizer o que devemos fazer, mas apenas sussurrar o que não devemos fazer: imitar no tipo o modelo manuscrito. Como abordagem, isso já é errôneo e sempre conduz a resultados questionáveis, que, em todo caso, [se mostram] artificiais e até

d Gutenberg já não pode ser nosso modelo. Ele já não pode nos dizer o que devemos fazer, mas apenas sussurrar o que não devemos fazer:
    Imitar no tipo o modelo manuscrito. Como abordagem, isso já é errôneo e sempre conduz a resultados questionáveis, que, em todo caso, [se mostram] artificiais e até *kitsch*

Fig. 71. Na composição justificada, tanto no chamado alinhamento blocado (a, b) quanto naquele irregular (c, d), apenas os recuos deixam claro onde se inicia um novo parágrafo. Todos os outros modos teoricamente possíveis de estruturar os parágrafos precisam de mais espaço (linhas em branco, fios) ou parecem inabituais (sinais de alínea, pontos centralizados, em negrito ou no modo regular, traços oblíquos etc. no texto contínuo).

a Basicamente, a tipografia é para mim o modo de exprimir uma declaração em uma das formas pertinentes de declaração. O elemento mais importante da articulação na tipografia é o espaço em branco. Existe apenas uma tipografia "prática"; no fundo, todas as outras aplicações dos recursos tipográficos fazem parte das artes

Basicamente, a tipografia é para mim o modo de exprimir uma declaração em uma das formas pertinentes de declaração. O elemento mais importante da articulação na tipografia é o espaço em branco. Existe apenas uma tipografia "prática"; no fundo, todas as outras aplicações dos
b recursos tipográficos fazem parte das artes gráficas ou de recursos psico-

Basicamente, a tipografia é para mim o modo de exprimir uma declaração em uma das formas pertinentes de declaração. O elemento mais importante da articulação na tipografia é o espaço em branco. Existe apenas uma tipografia "prática"; no fundo, todas as outras aplicações
c dos recursos tipográficos fazem parte das artes gráficas ou de recur-

Basicamente, a tipografia é para mim o modo de exprimir uma declaração em uma das formas pertinentes de declaração. O elemento mais importante da articulação na tipografia é o espaço em branco. Existe apenas uma tipografia "prática"; no fundo, todas as outras aplicações dos recursos tipográficos
d fazem parte das artes gráficas ou de recursos psicoterapêuticos, ou ainda

Fig. 72. Em cada exemplo, um corpo um pouco maior e um pouco menor com a mesma entrelinha. Grupos a e b: respectivamente, 10,5/10,5 pt e 10/10,5 pt Bembo Roman. Grupos c e d: respectivamente, 9,5/11 pt e 9/11 Scala Sans. A melhor legibilidade dos grupos textuais b e d, condicionada pela entrelinha maior, compensa o corpo maior dos grupos a e c.

Certa vez, ao voltar da Grécia, vivenciei isso, e Platen já o ilustrou com muita beleza no primeiro de seus sonetos venezianos.
Meu olhar deixa para trás o alto-mar
Quando da cheia eleva-se o templo de Palladio
Mas todo o mundo pode vivenciar algo semelhante se não vier da feia Mestre, passando por uma das duas feias pontes, e sim de Pádua, com o bonde ou pela rua em direção a

Fig. 73. Após a citação recuada, em corpo menor e com entrelinha reduzida, o texto principal que aparece em seguida precisa voltar à linha de base para que o alinhamento horizontal entre as linhas seja mantido.

Se em uma mancha forem inseridas partes de texto com corpo e entrelinha menores, o texto subsequente deve voltar ao alinhamento de linha de base anterior. Se as citações serão ou não recuadas depende do projeto gráfico. Quando a citação não é recuada, a tipografia torna-se mais harmônica. Por outro lado, pode parecer estranho quando – como em nosso exemplo – apenas versos curtos são citados. O recuo da citação deve coincidir com o recuo do texto principal (fig. 73).

Do mesmo modo como o estilo e o tamanho da fonte, a medida da linha, a entrelinha e a justificação determinam a composição como um todo, a soma de todas as linhas, que formam a mancha, influi nos outros elementos tipográficos, especial e diretamente nas proporções das margens do impresso: na tipografia, o detalhe nunca deve ser considerado isoladamente. Entretanto, com questões sobre o posicionamento da coluna (da mancha) estaríamos deixando o campo do detalhe tipográfico, ao qual queremos nos restringir aqui.

O efeito das fontes

Todas as fontes conhecidas e empregadas com frequência são igualmente legíveis. Mesmo suas variantes em seminegrito ou sem serifa são razoavelmente fáceis de ler. No entanto, entre outros pesquisadores que chegaram a esses resultados, Tinker mencionou que as pessoas submetidas aos testes não simpatizaram com as fontes sem serifa (Kabel Light) apresentadas por ele. Por outro lado, encontramos aqui o fenômeno de que as fontes, independentemente de sua legibilidade óptica, desencadeiam nos leitores determinadas sensações através de sua linguagem formal e podem causar uma impressão positiva ou negativa. Isso parece ser uma prova pragmática do fato de que as fontes, além de sua primeira e verdadeira função, que é servir de meio de transporte para as línguas, também são capazes de transmitir efeitos.

Nesse contexto, Spencer remete às pesquisas do holandês Ovink e do sueco Zachrisson, que reforçam a suposição apresentada acima. Contudo, com base em uma pesquisa realizada com anúncios de um período de 50 anos, Spencer acredita "that findings of congeniality may have little temporal stability, and such an examination supports Warde's view, that the choice of an appropriate typeface is a subconscious act, the effect of which is ephemeral. We may also reflect that sanserif letterforms which have been much used in this century to express the notion of 'modernity' were first revived in the eighteenth century because of their associations with rugged antiquity".

Kapr acrescenta: "Obviamente, a escolha da fonte é determinante para a interpretação do texto e de seu conteúdo. Assim como uma ópera ou uma peça de música pode ser encenada de diversas formas por diversos artistas, um texto pode ser interpretado de maneiras diferentes. Contudo, o artista que recria tem de esforçar-se para corresponder ao espírito da obra já existente; ele não pode trabalhar contra ela."

A partir de cinco edições diferentes de Morgenstern, Willberg reproduz o poema "Bildhauerisches" [Escultural] e chama a atenção para "a mudança de relação entre o texto e a fonte (e a concepção tipográfica, pois o tamanho, a organização e os destaques também produzem efeito)". Após uma análise das cinco edições, ele resume: "O poema é legível em todas as cinco formas. Se sentíssemos então que (apesar da redução) ele é influenciado pela fonte, isso seria um

A tipografia pode ser definida como a arte de dispor corretamente o material de composição de acordo com determinado objetivo, ou seja, organizar os tipos e distribuir os espaços intermediários de tal forma que se facilite ao máximo a compreensão do texto pelo leitor. Em substância, a tipografia tem um objetivo prático e apenas casualmente estético; pois raras são as vezes em que o leitor apreciará uma impres-

Typographie kann umschrieben werden als die Kunst, das Satzmaterial in Übereinstimmung mit einem bestimmten Zweck richtig zu gliedern, also die Typen anzuordnen und die Zwischenräume so zu bestimmen, dass dem Leser das Verständnis des Textes im Höchstmaß erleichtert wird. Die Typographie hat im Wesentlichen ein praktisches und nur beiläufig ein ästhetisches Ziel; denn nur selten will sich der Leser vornehmlich an ei-

La typographie peut se définir comme l'art d'optimiser la disposition de l'écrit imprimé en fonction de sa destination spécifique; celui de placer les lettres, de répartir l'espace et de choisir les caractères afin de faciliter au maximum la compréhension du texte par son lecteur. L'aspect esthétique de la typographie n'est, en fait, qu' accidentel; son but est essentiellement utilitaire, car l'agrément d'une belle présentation n'est que rare-

Typography may be defined as the art of rightly disposing printing material in accordance with specific purpose; of so arranging the letters, distributing the space and controlling the type as to aid to the maximum the reader's comprehension of the text. Typography is the efficient means to an essentially utilitarian and only accidentally aesthetic end, for enjoyment of patterns is rarely the reader's chief aim. Therefore, any disposi-

La tipografia può essere definita l'arte di saper disporre esattamente il materiale da stampare in funzione di un scopo specifico; quindi l'arte di saper posizionare le lettere, distribuire lo spazio o controllare il disegno dei caratteri al fine di aiutare il lettore ad avare la migliore comprensione del testo. La tipografie è il mezzo efficiente per un utilizzo essenziale e solo occasionalmente il godimento estetico delle forme diventa lo scopo prin-

Fig. 74. Mesma fonte, mesmo corpo, mesma medida de linha e mesma entrelinha. Não obstante, os textos parecem diferentes, uma vez que cada língua tem sua própria identidade visual.

Do florentino Poggio Bracciolini (1380-1459), secretário do papa Bonifácio IX, conhecemos um manuscrito, redigido entre 1400 e 1402, que mostra pela primeira vez os traços característicos da minúscula humanística. Devido à sua clareza e à sua legibilidade, ela se tornou um estilo muito apreciado, que rapidamente se difundiu por toda a Itália no último terço do século XV graças a

Do florentino Poggio Bracciolini (1380-1459), secretário do papa Bonifácio IX, conhecemos um manuscrito, redigido entre 1400 e 1402, que mostra pela primeira vez os traços característicos da minúscula humanística. Devido à sua clareza e à sua legibilidade, ela se tornou um estilo muito apreciado, que rapidamente se difundiu por toda a Itália no último terço do século XV

Do florentino Poggio Bracciolini (1380-1459), secretário do papa Bonifácio IX, conhecemos um manuscrito, redigido entre 1400 e 1402, que mostra pela primeira vez os traços característicos da minúscula humanística. Devido à sua clareza e à sua legibilidade, ela se tornou um estilo muito apreciado, que rapidamente se difundiu por toda a Itália no último terço do

Do florentino Poggio Bracciolini (1380-1459), secretário do papa Bonifácio IX, conhecemos um manuscrito, redigido entre 1400 e 1402, que mostra pela primeira vez os traços característicos da minúscula humanística. Devido à sua clareza e à sua legibilidade, ela se tornou um estilo muito apreciado, que rapidamente se difundiu por toda a Itália no último terço do século XV graças

Do florentino Poggio Bracciolini (1380-1459), secretário do papa Bonifácio IX, conhecemos um manuscrito, redigido entre 1400 e 1402, que mostra pela primeira vez os traços característicos da minúscula humanística. Devido à sua clareza e à sua legibilidade, ela se tornou um estilo muito apreciado, que rapidamente se difundiu por toda a Itália no último terço do século XV graças

Fig. 75. Cada escrita confere ao mesmo texto um novo aspecto e uma interpretação diferente. P. 58 de cima para baixo: 8,5/12,5 Caecilia Roman; 10/12,5 pt Monotype Baskerville Roman; 9,5/12,5 pt Granjon Roman; 9/12,5 pt Linotype Univers 430 Basic Regular; 11/12,5 pt Trinité nº 1 Regular Condensed. P. 59, de cima para baixo: 9/12,5 pt Lexicon nº 2 Roman A; 9,5/12,5 ITC Officina Sans; 10,5/12,5 pt Monotype Bembo

Do florentino Poggio Bracciolini (1380-1459), secretário do papa Bonifácio IX, conhecemos um manuscrito, redigido entre 1400 e 1402, que mostra pela primeira vez os traços característicos da minúscula humanística. Devido à sua clareza e à sua legibilidade, ela se tornou um estilo muito apreciado, que rapidamente se difundiu por toda a

Do florentino Poggio Bracciolini (1380-1459), secretário do papa Bonifácio IX, conhecemos um manuscrito, redigido entre 1400 e 1402, que mostra pela primeira vez os traços característicos da minúscula humanística. Devido à sua clareza e à sua legibilidade, ela se tornou um estilo muito apreciado, que rapidamente se difundiu por toda a Itália no

Do florentino Poggio Bracciolini (1380-1459), secretário do papa Bonifácio IX, conhecemos um manuscrito, redigido entre 1400 e 1402, que mostra pela primeira vez os traços característicos da minúscula humanística. Devido à sua clareza e à sua legibilidade, ela se tornou um estilo muito apreciado, que rapidamente se difundiu

Do florentino Poggio Bracciolini (1380-1459), secretário do papa Bonifácio IX, conhecemos um manuscrito, redigido entre 1400 e 1402, que mostra pela primeira vez os traços característicos da minúscula humanística. Devido à sua clareza e à sua legibilidade, ela se tornou um estilo muito apreciado, que rapidamente se di-

Do florentino Poggio Bracciolini (1380-1459), secretário do papa Bonifácio IX, conhecemos um manuscrito, redigido entre 1400 e 1402, que mostra pela primeira vez os traços característicos da minúscula humanística. Devido à sua clareza e à sua legibilidade, ela se tornou um estilo muito apreciado, que rapidamente se difundiu por toda a

Roman; 10/12,5 Scala Sans Regular; 10,5/12,5 pt Adobe Garamond Regular. Ao mesmo tempo, essas duas páginas mostram como o conceito de gradação do corpo é relativo: do ponto de vista óptico, em fontes com mais ou menos o mesmo tamanho, os corpos variam entre 9 e 11 pt.

indício de que o caractere tipográfico participa da leitura, que seu tom contribui para a harmonia total, ajudando-a ou perturbando-a. Ao mesmo tempo, torna-se claro que neutralidade e falta de consonância não funcionam. A conclusão seria de que bons tipógrafos estão certos ao refletir cuidadosamente sobre qual fonte escolherão para compor determinado texto."

Em minha opinião, quando Willberg (ainda que apenas entre parênteses) observa que não somente a fonte, mas também a concepção tipográfica – tamanho, organização e destaques – é responsável pelo efeito, ele está tocando em um ponto decisivo.

Nesse sentido, o valor da impressão causada pelas fontes só pode ser comparado quando todas elas forem usadas para compor o mesmo texto, com o mesmo corpo, a mesma largura de linha e a mesma entrelinha, quando todas forem impressas com o mesmo processo, a mesma tinta, a mesma coloração e as mesmas proporções de margem no mesmo papel.

Qualquer modificação em um desses elementos causa uma alteração no efeito. Tudo é interdependente (figs. 74 e 75). No livro, por exemplo, os elementos isolados apresentam-se em uma relação mais ou menos clara com o todo, com a estabilidade ou a flexibilidade; portanto, com o estilo e os materiais usados na encadernação, ou seja, com o fenômeno tátil, com toda a "corporeidade" do livro.

Com uma escolha correta e uma aplicação habilidosa dos outros elementos, uma fonte teoricamente menos atraente pode se valorizar de tal forma que, no contexto do conjunto tipográfico, encontra o tom certo. Por essa razão, na maioria das vezes, pesquisas sobre o valor da impressão causada pelas fontes não fazem o menor sentido para o tipógrafo: não levam em conta a complexidade da prática tipográfica. Além disso, são perigosas, pois seus resultados podem induzir a trabalhar de acordo com determinadas receitas, o que o tipógrafo criativo deve evitar.

Observações

P. 8 "Sacadas, sacadas regressivas": ver a respeito GALLEY, NIELS; GRÜSSER, OTTO-JOACHIM: "Augenbewegungen und Lesen", in: *Lesen und Leben*. Frankfurt a. M., 1975, p. 65.
"um equívoco ridículo": TSCHICHOLD, JAN: *Erfreuliche Drucksachen durch gute Typographie*. Ravensburg, 1960, p. 16.
"velocidade de leitura": GALLEY/GRÜSSER, p. 73.

9 "fixações múltiplas": GALLEY/GRÜSSER, p. 74.
"responsáveis pela linguagem": GALLEY/GRÜSSER, p. 75.
"frequência das sacadas": GALLEY/GRÜSSER, p. 74.

10 "não devem ser 'diferentes' nem 'extraordinárias'": MORISON, STANLEY: *Grundregeln der Buchtypographie*. Berna, 1966, p. 10.

13 "As formas alternativas, muito diferentes": HOCHULI, JOST: "Magdeburg 1926-1932. Ein systematischer Schriftunterricht", in: *Typografische Monatsblätter, TM*, março/abril. St. Gallen, 1978, pp. 81-96.

14 "pesquisas de Emile Javal": JAVAL, EMILE: "Hygiène de la lecture", in: *Bulletin de la Société de Médecine Publique*. Paris, 1878, p. 569.

18 "forma simplificada do a minúsculo": Figura semelhante foi publicada em TSCHICHOLD, JAN: *Meisterbuch der Schrift*. Ravensburg, 21965, p. 33. A esse respeito, ver também TINKER, MILES A.: *Legibility of Print*. Ames (IA), 31969, p. 61. O livro contém o resultado de uma pesquisa realizada ao longo de décadas na área da pesquisa sobre legibilidade. Entre outras razões, também é muito importante devido à sua bibliografia crítica (238 registros).
"realidades ópticas": Aspectos gerais e mais detalhados a esse respeito em KORGER, HILDEGARD: *Schrift und Schreiben*. Leipzig, 1972. – HARVEY, MICHAEL: *Lettering Design*. Londres, 1975. – Especialmente em relação à configuração de uma fonte, FRUTIGER, ADRIAN: "Der Werdegang der Univers", in: *Typographische Monatsblätter, TM*, janeiro. St. Gallen, 1961, pp. 9 ss.
"requisito óptico": Uma discussão detalhada e técnica sobre esse problema encontra-se em TRACY, WALTER: *Letters of Credit*. Londres, 1986, pp. 32 ss.

20 "irradiação objetiva e subjetiva": RENNER, PAUL: *Die Kunst der Typographie*. Berlim, 1939, pp. 24 s.: "[...] Pois toda fonte tem uma escala definida de diferentes tons de cinza, por mais escura que tenha sido a tinta preta da impressão; todos os traços finos mostram-se não apenas mais delicados, mas também mais claros; todos os traços espessos e mais largos não apenas parecem mais destacados quando impressos no papel, mas também mais escuros e pretos. Esse fenômeno é explicado como uma 'irradiação objetiva', causada pela natureza da luz e a qualidade do papel, e como uma 'irradiação subjetiva', provocada pela natureza da visão humana. A superfície branca reflete toda luz; porém, não como um espelho, no ângulo de incidência dos raios que a atingem. Devido à sua propriedade, a superfície branca espalha a luz incidente para todos os lados. [...] Portanto, em toda superfície branca há sempre uma dispersão de luz, como ocorre com uma chuva forte que cai no

asfalto. Uma impressão em preto é clareada da margem para a mancha através dessa luz dispersa da irradiação objetiva; e quanto menor for a superfície impressa em preto, tanto mais clara ela será. Devido à luz dispersa que penetra na córnea e a outras particularidades da óptica humana, a irradiação subjetiva produz o mesmo efeito. Desse modo, pode acontecer de um erro quase imensurável na largura de um traço espesso em um corpo pequeno ou na redução mecânica incomodar mais do que em um corpo grande. Com frequência, ele só é notado porque, nesse caso, aparece menos como uma diferença na largura, ou seja, como uma quantidade, do que como uma diferença de claridade, ou seja, como uma qualidade. [...]"
Tinker, pp. 32 ss.

21 "Scriptura humanistica": Ver a respeito o trabalho fundamental de Ullman, B[erthold] L[ouis]: *The Origin and Development of Humanistic Script*. Roma, 1960.

24 "Uma composição que contenha apenas versais": Spencer, Herbert: *The Visible Word*. Londres, 1969, p. 30.

28 "espaço residual das letras": Korger: *Schrift und Schreiben*, p. 23.
"tentativa de atingir uma luminosidade uniforme": Sobre o tema da uniformidade do espaçamento entre as letras, ver Kindersley, David: *Optical Letter Spacing: for New Printing Systems*. Londres, ²1976. Contudo, nesse trabalho, Kindersley trata apenas da uniformidade dos espaçamentos, independentemente do fato de eles serem muito pequenos, muito grandes ou corretos em sua uniformidade.

34 "medida das linhas": Tschichold: 8-10 palavras [50-60 letras], in Tschichold, Jan: *Typographische Gestaltung*. Basileia, 1935, p. 38. – Ruder: 50-60 letras, in Ruder, Emil: *Typographie. Ein Gestaltungslehrbuch*. Sulgen, 2001, p. 43. – Kapr: 50-60 letras, in Kapr, Albert: *Hundertundein Sätze zur Buchgestaltung*. Leipzig, 1973, p. 18. – Willberg/Forssman: 60-70 letras, in Willberg/Forssman: *Lesetypographie*, p. 17.
"Reader preferences": Tinker, p. 86: "Sem dúvida, as preferências do leitor favorecem comprimentos de linha moderados. Linhas relativamente longas ou muito curtas não são apreciadas. Em geral, a prática de impressão parece ajustar-se aos desejos do leitor médio em relação ao comprimento da linha."

37 Fig. 43. Texto de Hans Peter Willberg in Friedl, Friedrich (org.): *Thesen zur Typographie: 1960-1984/Theses about Typography: 1960-1984*. Eschborn, 1985, p. 45, parte em alemão.

46 "Fontes em itálico": Tinker, pp. 54.

49 "dependência mútua": Tinker, pp. 88 ss.
"recuo": Tschichold, Jan: "Warum Satzanfänge eingezogen werden müssen", in: idem: *Ausgewählte Aufsätze über Fragen der Gestalt des Buches und der Typographie*. Basileia, 1975, p. 118.

51 Fig. 69. Texto extraído de Morison, Stanley: *Grundregeln der Buchtypographie*. Berna, 1966, p. 5. Tradução do inglês para o alemão: Max Caflisch e Kurt Gschwend.

52 Fig. 70. Texto de Hans Peter Willberg, in Friedl: *Thesen*, p. 49, parte em alemão.
53 Fig. 71. Texto de Günter Gerhard Lange com muitas alterações, in Friedl: *Thesen*, p. 51, parte em alemão.
54 Fig. 72. Texto de Henri Friedlaender, in Friedl: *Thesen*, p. 32, parte em alemão.
Fig. 73. Texto extraído de Peterich, Eckart: *Italien: Ein Führer*. Vol. 1. Munique, 1958, p. 105.
56 Tinker, p. 64.
"findings of congeniality": "[...] que as constatações de uma harmonia [entre forma e efeito] podem ter pouca estabilidade temporal, e um exame como esse sustenta a visão de Warde de que a escolha de uma fonte apropriada é um ato subconsciente, cujo efeito é efêmero. Portanto, podemos pensar que caracteres sem serifa, muito usados neste século [XX] para exprimir a noção de 'modernidade', foram inicialmente resgatados do século XVIII devido a suas associações com uma antiguidade rude." Spencer: *The Visible Word*, pp. 29-30.
Kapr: Kapr, Albert; Schiller, Walter: *Gestalt und Funktion der Typografie*. Leipzig, 1977, p. 128.
Willberg: Willberg, Hans Peter: *Buchform und Lesen*. Beilage zur Typographie im Börsenblatt für den deutschen Buchhandel in Zusammenarbeit mit der Fachzeischrift 'Polygraph'. Frankfurt a. M., 1977, pp. 8-9.
57 Fig. 74. O texto original em inglês foi escrito por Stanley Morison em 1929 e aparece no verbete "tipografia" da 12ª edição da *Encyclopedia Brittanica* (Chicago e Londres); Alemão: *Grundregeln der Buchtypographie*. Berna, 1966; Francês: *Les premiers principes de la typographie*. Bruxelas, 1960; Italiano: Hochuli, Jost: *Il particolare nella progettazione grafica*. Wilmington, 1987 (Tradução de Graziella Girardello).
Fig. 75. Texto extraído de Hochuli, Jost: *Kleine Geschichte der geschriebenen Schrift*. St. Gallen, 1991, p. 40.
60 Willberg: *Buchform und Lesen*, p. 8.

As seguintes obras fornecem informações ulteriores e, em parte, mais detalhadas sobre o detalhe tipográfico:

Tschichold, Jan: *Schriften* 1925-1974. 2 vol. Org. Günter Bose e Erich Brinkmann. Berlim, 1992.
Willberg, Hans Peter; Forssman, Friedrich: *Lesetypographie*. Mainz, 2005.
Forssman, Friedrich; de Jong, Ralf: *Detailtypografie*. Mainz, 2002.

Jost Hochuli

Nascido em 1933, cresceu e estudou em St. Gallen. Formou-se em *design* gráfico publicitário na escola de *design* e composição gráfica da oficina Zollikofer & Co. AG, em St. Gallen. Desde 1959, tem seu próprio ateliê na cidade, voltado, sobretudo, para a indústria gráfica, o *design* de fontes e a concepção de livros. Paralelamente, atua como escritor e professor de caligrafia, *design* de fontes e tipografia nas escolas de *design* de Zurique e St. Gallen. Em 1979, tornou-se cofundador e *designer* gráfico da VGS Verlagsgemeinschaft [Associação das editoras] de St. Gallen. Realizou exposições na Suíça e no exterior e recebeu inúmeros prêmios nos concursos "Os mais belos livros suíços" e "Os mais belos livros do mundo".

O autor agradece a Adam Twardoch a revisão crítica da primeira edição e as preciosas indicações. Para a formulação do segundo parágrafo da página 20, suas sugestões foram amplamente consideradas.

O detalhe na tipografia foi publicado pela primeira vez em 1987 pela Compugraphic Corp., Wilmington (MA), e em 1990 pela Deutscher Kunstverlag de Munique. Uma versão revista introduz o mostruário de fontes, editado em 2001 pela empresa gráfica Clausen & Bosse (Leck, Alemanha). Para a presente brochura, o conteúdo foi revisto e ampliado.

Concepção: Jost Hochuli. Composição: Peter Renn, em Minion regular e itálico, bem como em Futura Bold (QuarkXPress em Macintosh). Reproduções: Heer Druck AG, Sulgen.